士幸福式

富有小國學過精準美好生活

全世界最宜居國度的160個日常觀察

前言

在世人的眼中，瑞士幾乎就是一個完美的天堂國度。的確，不論是自然景觀、治安條件、經濟水平及生活品質等各方面，瑞士都是首屈一指。但是長久定居在這裡生活，和短期來觀光旅遊是截然不同的體驗。實際上住在瑞士，有很多規矩得遵守，一不小心就會觸碰地雷。

我們常開玩笑地形容瑞士是「好山、好水、好無聊」！生活在瑞士也許令人稱羨，但是對於許多外國人來說，想要融入瑞士的社會環境，並沒有想像中那麼容易，尤其人民保守又低調的冷個性，需要花很多時間才能讓他們敞開心扉。

這本書的內容，根據我自己在瑞士生活二十年的見聞，來分享這些年來的感觸。我不敢以偏概全地說，整個瑞士跟我描述的一模一樣，畢竟每個語區還是存在著文化差異，但是大致上應該相去不遠。況且一樣米養百種人，絕對不會所有人的個性都相同。

如果說旅遊書是介紹瑞士的外在，那麼這本應該就是揭開瑞士的內在。希望藉由這本書，讓大家可以深入認識瑞士和當地人的真實面貌。也許將來有機會造訪時，能夠更入境隨俗。

目錄

1 思想觀念

2 生活日常

3

社會福利

4

教育理念

5

瑞士飲食

6 節慶活動

7 山居文化

8 經典象徵

1 思想觀念

整體來說，瑞士人算是思想滿保守的民族。由於他們內斂的個性，所以很懂得遵守規矩、盡本分，但是有時候經常不知道如何變通，這既是瑞士人的優點、也是缺點。

畢竟在瑞士的外籍人口比例很高，照道理說他們的想法應該多少會受影響，然而傳統瑞士人那根深蒂固的觀念，讓外國人非常難以捉摸不透。

時間觀

瑞士人對於時間的掌控非常自豪，鮮少遇到無故遲到的情況發生。要能夠做到如此準時的境界，事先將行程安排妥當就成為常態，這也間接反映出他們謹慎的生活哲學。

預約制

準時赴約是最基本的時間觀念，更是尊重對方的一種態度，這點在瑞士人身上能得到最佳的印證。從火車、公車等大眾交通工具準確的班次，不難看出時間規劃對於他們來說，即使無法控制到分秒不差，其實也相去不遠。因此跟瑞士人約見面，最好是預留時間提早出門，否則遲到將會破壞別人對你的印象。

瑞士人可以在好幾個月、甚至半年前就把約會定下來，因為如果沒有這麼早敲定日期，對方不見得有空閒。

以看醫生為例，經常這次看完診後，先預約明年的時間一點都不誇張。當然，如果臨時有突發狀況，提前打電話更改時間是完全沒問題。

多數瑞士民眾寧願提早出門，也不想遲到。我曾經預約早上八點的門診，原本我心想診所八點準時開門，估計在七點五十分到應該就很足夠。結果當我走進候診室，居然已經有好幾位比我更早抵達，尤其很多退休沒事做的老人，他們就是時間特別多，提早赴約等候真的是屢見不鮮！

看醫生得預約、和客戶見面更要先約好時間、郵局的包裹送達你家之前，還會先發電子郵件通知，甚至想去運動打網球，都得先上網預訂球場，否則臨時想約只能碰運氣。瑞士人喜歡採取預約制，除了表達尊重之外，他們覺得也是基本的禮貌，因為這樣可以方便彼此的時間安排。

也許你哪天剛好路過友人家附近，臨時想去按門鈴打個招呼，順便進去喝咖啡坐一下，這樣隨性的作法在瑞士絕對行不通。切記，**要去拜訪瑞士朋友前，請務必盡早約好時間或事先打電話告知**。否則驚喜應該沒有，被翻白眼的驚嚇倒是不少。

講究效率和彈性時間

把時間拿捏的如此精準，這樣不會讓人感到拘束嗎？其實剛好相反，正因為這樣，他們更懂得講究效率和彈性。許多瑞士企業，並沒有強制規定員工幾點上下班，只要在當天或該星期累積的時數足夠即可。所以有些人喜歡提早去公司，然後早點下班回家，還可以避開人潮擁擠的尖峰時段。

要能夠充分掌握時間，就得先有效地運用它，這時候效率就非常重要。瑞士人幾乎每天能準時下班，即使要加班的日子，都能累積時數換成假期排休。其中的**祕訣就是忙碌時專心工作，遇到沒事就大膽地休息**，完全不需要裝忙做樣子給老闆看。

時間銀行

瑞士人對於時間的觀念，不侷限於準時。為了解決人口結構日益老化的問題，社會保險機構成立所謂的時間銀行，搭配退休金和醫療保險，提供年長者更完善的退休環境。尤其有些老年人不想住在養老院，便考慮申請參加時間銀行的會員。

聖加侖是瑞士東北地區的最大城市

時間銀行的基金會，最早成立於瑞士東北部的聖加侖。起初的構想是招募有護理專業的退休人士，以照顧和陪伴年長者的方式去兌換累積時間。將來他們能把這些存下來的時數，作為需要被人照顧的一種儲蓄。這類時間銀行並非以利益為出發點，而是一種互相幫助的服務概念。

根據統計，目前瑞士為四名在職人員得負擔每位老年人的退休金，然而平均壽命延長，以及出生率越來越低的緣故，估計四十年後一位老人只由二位青壯年所撫養。因此多數瑞士人都支持時間銀行這種制度，不僅能節省國家的養老金支出，同時還可以解決高齡化的社會成本。

聖加侖的時間銀行組織，只開放給五十～七十五歲左右的長者參與，讓他們能抽出些許時間，陪伴比自己更年長的人，包括一起散步、煮飯、去超市購物、甚至出國度假都有。在這過程中不但能建立雙方的情誼，還可以在自己的帳戶累積時間，將來能夠隨時兌換。

從瑞士人對於時間觀念的安排，不難看出他們懂得妥善規劃的習性。**不論是工作、交友，還是退休養老，時間對他們來說就像金錢一樣能靈活運用。**

時間銀行組織

除了聖加侖的時間銀行組織 Zeitvorsorge 外，還有總部位於楚格（Zug）的 Kiss 基金會，也是相同性質的時間銀行機構，在瑞士多個城市都有分佈。

- Zeitvorsorge
  網址：www.zeitvorsorge.ch
- Kiss 基金會
  網址：fondation-kiss.ch

金錢觀

對瑞士人而言，「金錢」是個隱私又敏感的話題。我們習以為常和親朋好友聊到「一個月賺多少錢？」，雖然這並不是什麼奇怪的問題，但是在瑞士人之間，絕對不會有人大辣辣地直接問你的收入是多少，這會讓人覺得沒有禮貌。金錢數字代表著個人的隱私，甚至還聽說過老婆連自己丈夫的薪水多寡都不知道呢！

私密性

由於對金錢的隱私觀念，早期瑞士的銀行實施所謂的「保密制度」，有權利拒絕公開透露關於客戶的帳戶信息。而這樣的做法，無疑提供了國際間洗錢、逃稅的資金流進瑞士。在各國的施壓下，瑞士政府在二〇一四年簽署了《銀行信息自動交換國際公約》的協議，未來將提供外籍人士在瑞士的帳戶資料，以打擊逃漏稅。

親人也是明算帳

金錢數目不但私密，而且還得計算的非常清楚。記得剛來瑞士的時候，聽聞朋友說每個月得繳房租給自己的爸媽，我覺得很不可思議！在華人的傳統觀念裡，子女跟父母住在同一屋簷下是天經地義，自家人對於金錢似乎不用錙銖必較吧？然而仔細一想，多數瑞士小孩成年後就自己搬出去住了，更不需要按時給孝親費，所以有收入賺錢的子女還住在家裡的情況，每個月繳交房租其實也相當合理！

福利好，儲蓄的比例不高

世人眼中對瑞士的刻板印象，就是富豪和有錢人很多。根據統計，瑞士大約有五十萬人的身價超過一百萬瑞郎、估計至少一半的民眾擁有十萬瑞郎以上的資產。以全球的平均水平看來，整體瑞士人的經濟條件算是相當優渥，但是這不代表所有居民都不用煩惱日常開銷，依然有收入比較低的家庭，在這高物價的國度過著拮据的生活。

然而由於瑞士的福利制度完善，包括失業救濟金、老年退休俸、低收入戶的生活

蘇黎世的班霍夫大街，是瑞士最昂貴和金錢的象徵

位於蘇黎世的瑞士信貸銀行（Credit Suisse）總部

補助及健康保險體系等等，多數瑞士人對於金錢的觀念就是當下享受，很少積極多方面投資或是準備養老金的問題。畢竟萬一失業，居民可以領到原工作七〇～八〇％的薪水，年老退休的時候，政府提供的退休金也相當足夠，因此**瑞士人有規劃存錢養老的比例並不高**。

愛用現金的老一輩vs行動支付的年輕人

跟北歐地區相較，瑞士人愛用現金消費的比例還是偏高，尤其是鄉下地區和五十歲以上的長輩族群，甚至還習慣拿著帳單到銀行或郵局付錢。根據調查，在二〇二〇年冠狀病毒的疫情爆發之前，約有六～七成的瑞士居民購物時依然常用現金消費。後來因為疫情的關係，使用卡片和行動支付等無現金的付款方式才逐漸提升。

其實瑞士的刷卡系統和行動支付都非常便利，除了少數的小店及市集的攤販，幾乎所有的店家都接受信用卡和金融卡，年輕人更是會使用手機軟體 Twint 來支付，出門幾乎不太需要帶現金。倘若以現金消費找零錢後，身上帶著一堆硬幣真的很麻煩。

除此之外，瑞士的銀行網路系統也超級便利。早在多年以前，郵局開戶根本不需要本人前往，民眾直接上網申請即可。日常性的帳單付款、國內外轉帳、帳戶查詢，也都是自己在家透過官網或是手機軟體操作。

另一項常愛用現金的因素，其實就是方便逃漏稅。在我居住的義大利語區，經常聽到自己經營公司或開店的人，特別喜歡在生意上用現金交易，因為只要不入戶頭的錢，就是屬於黑帳，在報稅的時候可以少報。當然，這種情況我相信在做事一板一眼的德語區應該比較少見，所以我也特別說是在瑞士義大利語區的現象。

朋友觀

跟瑞士人交朋友，一直是讓外國人覺得很棘手的問題。多數瑞士人散發出來的磁場，就是安靜內向的冰冷個性，做任何事都合乎規矩的模範生。但是太乖的結果，就會讓人覺得難以親近。

交友很被動

瑞士人交友的圈子單純，基本上比較熟的朋友不外乎是同事，或是有共同的興趣為前提，例如參加同一個樂團或運動俱樂部，彼此才會有機會混熟一點。但是平時見面能夠跟你無所不談的瑞士人，要成為他們心中所謂好朋友的定位，還有一段漫長的路要走。

連瑞士公共電視台SRF都曾經製作短片，來調侃本國民眾有多麼難以親近。像最近冠狀病毒肆虐的影響下，政府提倡人與人之間的社交距離，最好保持二公尺以上才安全，瑞士人卻自嘲他們原本的社交距離就超過這範圍。由此可見**想和瑞士人交朋友，的確是存在難以跨越的隱形鴻溝**。

根據我的觀察，瑞士人冷若冰霜的交友態度，或多或少受到本身內斂的個性和語言的影響。瑞士分成德、法、義及羅曼語四個官方語區，雖然多數人都會講二～三種語言，但是來自不同地區的瑞士人用英語溝通卻非常普遍。倘若是來自一樣語區的民眾，擁有相同母語為基礎下，彼此間會更容易聊起來。

悶騷的個性

居住在這裡的外國人，對於瑞士人如此低調交友的個性，絕對有更深刻的感受。除非你能講當地的語言，否則想要融入瑞士朋友的圈子可說是難上加難。即使他們平常下班後約朋友或同事去喝一杯，不過交情都是點到為止，完全就是「發於情，止於禮」，絲毫不會僭越。

參加聚會時，你會發現群聚一起聊天的幾乎都是外國人。至於土生土長的瑞士人呢？通常會像塊木頭獨自地待在一旁。即使是認識多年的朋友，大家每次見面都僅寒暄幾句，真正有私交的可說是寥寥無幾。

若是說瑞士人冷漠高傲，那倒也不見得。因為只要你主動出擊攀談，他們絕對可以放下矜持跟你侃侃而談，但是多數人卻是非常被動的一方。等到跟他們混熟了之後，你會發現瑞士人其實外冷內熱，很像處女座悶騷的個性。要能讓瑞士人對你敞開心扉，那真的是需要很長的時間啊！

尊重及禮貌

瑞士人交朋友的模式，完全反映出他們對彼此的尊重及禮貌。即使是認識多年的好友，一概不會過問太私密的問題，例如詢問每個月薪水多寡、私生活的八卦等等。跟瑞士人聊天，經常就是對方問什麼，他才答一句，然後就沒下文了。

所以跟瑞士人相處，了解他們這種冷處理的態度後，大家也就覺得習以為常。萬一如果哪天遇到有個瑞士人對你非常熱絡，或是主動獻殷勤，我猜想他應該是非常喜歡你吧！

家庭觀

瑞士人是非常居家的民族，家庭的凝聚力和家人間的感情都相當融洽，我想這要歸功於爸媽們從小對孩子的時間付出。多數的瑞士家庭，是男主外、女主內的生活模式，由於瑞士托嬰費用昂貴，尤其家裡有兩個以上的小孩，婦女在生產後幾乎都得犧牲職業生涯，在家擔任全職媽媽的角色，專心在家相夫教子，或是只能找兼職的工作。

在家帶小孩的媽媽

先姑且不論這些媽媽是否心甘情願在家帶小孩，但是瑞士小朋友從出生到青少年之前，媽媽陪伴在身邊的時間的確是很長。當孩童開始上幼稚園及小學後，媽媽每天的行程就是接送小孩往返學校、準備午餐等小孩返家吃飯，中間的空檔則去買菜或整理家務。

孩子如果放學後有參加運動或其他才藝，還是得由媽媽接送，接下來得趕緊忙著回家準備晚餐，所以媽媽一整天的行程其實是非常忙碌。幸運地，瑞士的男人們在下班後也會幫忙照顧孩子，街上經常能看到推著嬰兒車散步的爸爸，讓媽媽可以趁機喘口氣。

每逢周末假日，只要是天氣許可的情況下，基本上瑞士人都會安排全家出遊或是到戶外走走。瑞士兒童在成長的過程中，有父母親長時間的關心和陪伴下，絕對能夠引導他們正面的思想。尤其是逐漸長大到了青少年的叛逆階段，家長的付出更是有著舉足輕重的影響。

培養小孩的獨立能力

瑞士人從小就有培養小孩獨立的觀念！在嬰兒襁褓階段，許多父母親就會讓他們獨自在另一間房內睡覺，最多就安裝監聽器或監視器來確保嬰兒的安全。到了幼稚園開始上學時，初期家長們會帶著小孩步行到學校，等小朋友熟悉路線和環境之後，兒童們便開始自己走路上學，有時途中也會跟街坊鄰居的小孩結伴同行，形成非常有趣的畫面。

瑞士小孩從小
就非常獨立

也許大家會懷疑，這麼小的年紀單獨走路上學安全嗎？其實在重要的路口，有類似義工媽媽在幫忙注意過馬路的交通，小朋友的身上也會配戴著螢光色的掛牌，讓開車的人注意。在瑞士主要的住宅區和校區，車速的限制都是每小時二十～三十公里，這樣的法規對於兒童的活動環境相對是很安全。

除此之外，只要一到周末或是學校假日，在各大山區到處都是攜家帶眷的家庭。所以這邊的孩童從小就被訓練到很耐走，四～五歲的小孩跟著登山健行，是稀鬆平常不過了。當然瑞士父母親也敢大膽地放手讓小孩嘗試，培養他們獨立精神的同時，還可以達到運動的效果呢。

小朋友走在街上，會配戴著螢光色的吊牌

在學校和住宅區附近，路面會標示 20 ～ 30 公里的速限

尊重小孩

根據我多年來的觀察，瑞士的爸媽在教導子女的過程非常有耐心。無論遇到大小事，家長們總有辦法靜下心來慢慢地溝通，而不是用命令的口氣來斥責孩子，或是遇到小孩搗亂就開始抓狂式的河東獅吼，更甚少聽說過有打小孩的案例。

瑞士友人就曾經說過：「打罵不是該有的教育方式，因為歇斯底里的吼叫只會讓小孩怕你，時間久了就不甩你，實際上他們並不知道父母發怒的原因，如果沒有透過解釋，孩子們永遠不懂錯在哪裡」。這樣的修養和耐心，無疑是最好的身教，難怪多數瑞士人都散發著一股溫文儒雅的氣質。

瑞士人對小孩的重視，從許多貼心的設備便可以看出來。在長途的火車裡，規劃了遊戲室的親子車廂；各大城鎮及景點，到處都能看到兒童的遊樂設施。六~十六歲的兒童只要申請家庭卡，跟（祖）父母親出門搭乘交通是完全免費，即使外國遊客也能享有這樣的優惠。如此人性化的福利和環境，自然更吸引大家帶小孩出門的意願。

但是別以為瑞士的小孩就不會尖叫吵鬧，在火車上或是餐廳用餐的時候，也會遇上像惡魔般的搗蛋鬼，所以孩童的行為還是取決於家長的教育方式，因各別的家庭教育而異。

愛情觀

大致上來說，瑞士人算是思想保守的民族，對於愛情相當從一而終。隨著時代的變遷，越來越多的瑞士人和外國人交往、結婚，然而每年離婚的人數也逐年攀升。有些婚姻關係，不光建立在單純的愛情基礎上，甚至還會包括利益的考量。

異國婚姻的比例高

根據統計，在瑞士八百多萬的人口當中，約有二百萬是外國人，異國婚姻的比例高達五分之一，在歐洲國家算是名列前茅，外籍伴侶每年持續地增加中。瑞士媒體曾經對此深入研究，為什麼異國聯姻會如此的多？結果調查發現，瑞士人能講多國語言的優勢，包括德語、法語、義大利語和英語等，讓他們更有機會認識其他國家的對象。

除了周邊接壤的鄰國，法國、義大利、奧地利和德國有地緣因素之外，遠渡重洋嫁來瑞士的外籍新娘，以來自葡萄牙、巴西、多明尼加共和國、斯里蘭卡及泰國等國籍的人數最多。這些異國的婚姻中，每五位娶外籍新娘的瑞士男性，才有一～二位嫁給外國人的瑞士女生，瑞士男人到底有什麼魅力，居然這麼受外國女生的青睞？

絕對不是因為瑞士男人長的特別帥。說穿了，最現實的原因之一就是世人對瑞士的憧憬。不少人的刻板印象中，瑞士是多金的代表，除了社會福利好、生活品質不錯，人均收入是高居世界前三的位置。這樣的先天條件下，自然容易吸引外國人想移居瑞士，而跟瑞士人結婚便是最直接的捷徑。

根據瑞士的法律規定，如果和瑞士人結婚滿三年、並在同一個城鎮居住滿五年後，便可以申請瑞士籍。但是也不用高興的太早，因為申請的程序頗為冗長，真正拿到護照也大約還要等二年左右的時間。因此長久以來，瑞士假結婚或是為了錢而結婚的案例屢見不鮮，幾乎每年都有好幾百件假結婚的伴侶被揭發，尤其是年齡差距太大的伴侶，都容易成為政府鎖定的目標。

政府確認婚姻關係的真偽，在申請護照的期間會來個突擊檢查，通常警察在一大清早便到家裡按門鈴，查證男女雙方有住在一起的事實。為了避免濫用結婚的方式取得居留，移民局甚至會要求男女雙方交往的證據，例如照片、往來的通訊紀錄之類來求證，似乎瑞士人的婚姻建立在不被信任的基礎上。

離婚率很高，尤其是異國婚姻

過去幾年來，瑞士每年約有一萬六千對左右的夫妻離婚，這個數字接近結婚人數的一半，其中以外籍配偶的比例更高。根據社福人員研究發現，不少外國人來瑞士定居之前，對於這個國家存在不切實際的幻想，認為瑞士是像天堂的快樂國度。事實上，在物價昂貴的瑞士生活，卻不是想像中的如此美好。

因為語言的隔閡，外國人在瑞士找工作比本地人更困難，所以在剛結婚的前幾年，外籍配偶除了去學校上課把語文學好之外，有辦法工作賺錢的人並不多。在收入條件不對等的情況下，加上文化觀念的差異，一段婚姻關係便很難長久維持下去。

另一項瑞士離婚率高的原因，就是法律偏向保障女性，尤其是有小孩的媽媽。即使離婚的婦女，靠著前夫每個月給的贍養費或是政府的救濟金，扶養小孩基本上不是大問題。很多瑞士夫妻若是離婚，小孩撫養權歸女方的情況下，那個男的往往會被扒了一層皮。

正因為這樣的案例屢見不鮮，不少男生會要求擬定「婚前協議書」。所謂的婚前協議書不光只是金錢及財產方面，舉凡關於家庭的所有事務、小孩教養問題等等，都能列入契約簽署的內容。不過萬一女方賺的薪水比男方多，那也可能變成老婆得付丈夫贍養費（還得視小孩的歸屬權問題）。

我曾經聽過女性友人表示，對於未婚夫要求簽婚前協議書感到受傷，因為好像婚姻關係不被信任。但是反向思考，有時這個舉動是為了保護女方及小孩，萬一老公經營公司或生意失敗，這樣就不會波及到家庭。

禮讓的人生哲學

多數瑞士人的個性是溫文儒雅，鮮少遇見態度不耐煩的樣子。他們謙恭禮讓的行為絕對不是假惺惺地裝模作樣，因為在日常生活中也能深刻地體會到。

無所不在的禮讓

在瑞士搭火車，不像台北捷運有劃線排隊的習慣，但是當列車進站停靠之際，月台上候車的人幾乎都會禮讓乘客先下車，然後再依序上車，沒有人會擠破頭上車搶座位。開車上路時，即使在沒有紅綠燈的街口，一看見有人走近斑馬線旁，大家絕對會立馬停下來，禮讓行人先通過。

在進出推式大門的時候，如果看見後面有人跟著一起出去，通常前方的那位在推開門後，都會用手扶著門保持打開的狀態，後者也會向扶門的人說聲謝謝，以表

即使沒有紅綠燈，當行人穿越斑馬線時，車輛得禮讓路人先通過

達謝意。雖然這是簡單的小動作，但是能讓身後的人方便進出，也是一種紳士的禮貌性作法。

曾經多次跟瑞士人出國旅行，遇到像飛機延誤、更改航班等等突發事件，正常人就是一窩蜂地趕緊處理善後事宜。此時在混亂人群中排隊的瑞士人，經常就是讓其他人插隊，然後默默地被擠到後面去也悶不吭聲。他們這種禮讓無爭的態度，看在我們的眼裡其實很吃虧。

他們溫和的個性顯得相當有紳士風度，縱然遇到麻煩事的時候，頭腦依然能夠保持冷靜地回應，甚少有抓狂或歇斯底里的情緒。擁有如此的品德修養，能做到吃悶虧又不生氣的境界，完全是基於從小禮儀教育的成果。**也許對瑞士人而言，「吃虧就是占便宜」是待人處世的人生哲學。**

不愛被讓座

懂得禮讓雖然是好事，不過可千萬別踩到地雷。雖然瑞士的公車或火車上都有規劃博愛座，但是即使車廂人滿為患的時候，卻很少看到民眾站起來讓位給老弱婦孺。除非是健康狀況極差的老人，否則你好心讓座給長輩，他們不見得會欣然接受。

瑞士很多外表看起來白髮蒼蒼的阿公或阿嬤，行動起來卻是十分矯捷，最重要的是內心還不服老。如果禮貌性地讓座給他們，反而會遭受白眼，因為許多老人不喜歡被歸類到殘疾人士。禮讓座位原本是好意，反倒成為一種歧視了。

男女不平等

身為全球最富裕的國家之林，瑞士男女平權的問題一直是飽受爭議。整體來說，不論是家庭的角色還是職場上，瑞士女性的地位始終比男性來得低。追根究底，最大的癥結還是在於守舊的觀念。

長久以來的不平等

瑞士於一八四八年頒布《聯邦憲法》的時候，就賦予男性公民投票權，是世界上最早實施民主投票制度的國家之一。然而，以農立國的瑞士民風保守，要扮演個賢良淑德的婦女，就是得安份地待在家裡相夫教子，沒有丈夫的同意不能出門工作。在二十世紀中葉，當多數西方國家女性已經能投票的同時，瑞士婦女依然沒有這樣的權利。

直到一九六〇年代，自由意識形態高漲的推波助瀾下，促使各地發起女權運動。被傳統思想束縛許久的瑞士婦女，經過多番的努力和抗爭後，直到一九七一年終於獲得投票和選舉權。至於東部山區的內阿彭策爾州（Appenzell-Innerrhoden），當地女性更是等到一九九一年才有州的投票權。

因此早期的瑞士家庭，男主外、女主內這種想法根深蒂固。二〇世紀初期，政府甚至規定周六下午女性得休假，才有時間去超市購物及整理家務。於二〇一七年上映的喜劇電影《神的指令》（Die göttliche Ordnung），情節便是依據真實故事改編，描述早期婦女爭取投票權的過程，用來嘲諷瑞士人的保守觀念。

職場上的不平等

即使來到二十一世紀的今日，瑞士法律早就明文規定男女享有同等權利，實際上兩性地位依然有明顯的落差，尤其是工作待遇。以同等學歷、職位、年資等條件下，婦女的薪資普遍比男性來的低，這早就是眾所皆知的公開秘密，不過大家也都接受這樣的狀況。

根據統計，瑞士女性的平均薪資比男性低一二～二〇％。除此之外，因為得照顧家庭或小孩，不少瑞士婦女只能從事兼職的工作，進而影響錄取或升遷的機會。不僅在職場上，綜觀瑞士政壇男女的比例約二比一，也就是說從候選人、州政府成員到聯邦議會委員的女性數目大約只有男性的一半。

落實性別平等

瑞士性別平等的議題，當然也有對男生不公平的項目，就是陪產假。原本，新生嬰兒的親生父親僅有一天的陪產假，在經過公投表決之後，自二〇二一年一月開始，則可以享有十天八〇％薪資的假期。然而這樣的福利，在歐洲國家依然是敬陪末座。

為了男女平等的訴求，二〇二〇年日內瓦市長桑德琳．薩雷諾（Sandrine Salerno）便從公共空間的設計著手改善，將市區一半的交通標誌換成女性版本，包括有婦女、孕婦等圖樣的行人標示牌，從日常生活中的小細節去落實兩性平等問題。

在爭取男女、甚至同性平等的福利，瑞士一直都有在進步，只是相較於歐美先進國家，步伐上還是稍嫌緩慢。希望在不久的將來，能看到瑞士有更平等的社會環境。

馬鈴薯煎餅的鴻溝

瑞士劃分為四個語區，來自不同語區的人們，思想觀念和行為模式也大相逕庭。雖然表面上大家是一團和氣，但是私底下各地區民眾常常意見不合，這樣的情況早就司空見慣了。瑞士人之間，不見得會把彼此當成「自家人」。

馬鈴薯煎餅鴻溝的由來

所謂馬鈴薯煎餅的鴻溝（Röstigraben），原本是一條無形的天然界線，早在西元四世紀左右就形成。當年匈奴入侵歐洲導致民族大遷徙，日耳曼人移動到德國南部和瑞士東北一帶，而勃艮第人則在瑞士西部和法國地區建立王國。這兩個部族的交界處，就是馬鈴薯鴻溝最早的雛型。

至於馬鈴薯煎餅鴻溝首次正式出現在文獻上，是在第一次大戰期間。那時法、德兩國交戰，位居中立國的瑞士卻因為德語區和法語區民眾偏袒的立場不同，產生意見上的分歧。由於馬鈴薯煎餅（rösti）是德語區的代表性食物，才用它來比喻劃清德、法語區的界線，來嘲諷瑞士人之間的差異。

今日，這條分界大致上從汝拉（Jura）山脈一直延伸到弗萊堡（Fribourg）的薩琳河（Sarine），穿越阿爾卑斯山到瓦萊州（Valais）的隆河谷地。因為各語區文化的差異，在不同地方長大的瑞士人，從思想、飲食習慣等方面，真的是有南轅北轍的落差。

文化背景造成民族性的差異

整體而言，瑞士德語區民眾行為像拘謹的德國人，比較遵守規矩、行事作風有條不紊；至於法、義兩區的人們，相較之下個性上就沒有那麼嚴肅，散發出熱情大方的氣息。雖然都是瑞士人，在不同風氣的環境下成長，從小被當地社會耳濡目染的觀念也根深蒂固，形成個性上的分歧。

以義大利語區的民眾為例，他們普遍認為德語區居民做事一板一眼、死腦筋不懂得變通，凡事就得按照規定來；相反地，德語區居民覺得義語區人們過於草率隨便。簡單來說，德語區行事準則的順序偏向法、理、情；義、法兩語區則是比較有通融的餘地。這樣的差異，也許是造成如今瑞士二十六個州各自為政的最大主因。

不僅是各語區有文化上的鴻溝，就連規模最大的德語區還細分成許多小團體。蘇黎世一帶的居民，是大家公認眼睛長在頭頂上的「天龍國」、阿爾高（Aargau）地區被稱為喜歡穿白襪子和開車技術不好的民眾、蘇黎世人會嘲笑萊茵河靠近巴塞爾（Basel）地區的口音、伯恩地區則以慢郎中聞名等等。

縱使瑞士內部感覺上四分五裂，但是民眾對外卻非常一致團結。能讓瑞士人凝聚的向心力，就是愛國的情操。遇到重要的體育賽事活動，例如世界盃足球賽、網球球星費德勒比賽等重要時刻，這些瑞士人會聚在一起共同加油，即使大家講著不同的語言，心裡卻是很支持瑞士這個國家。

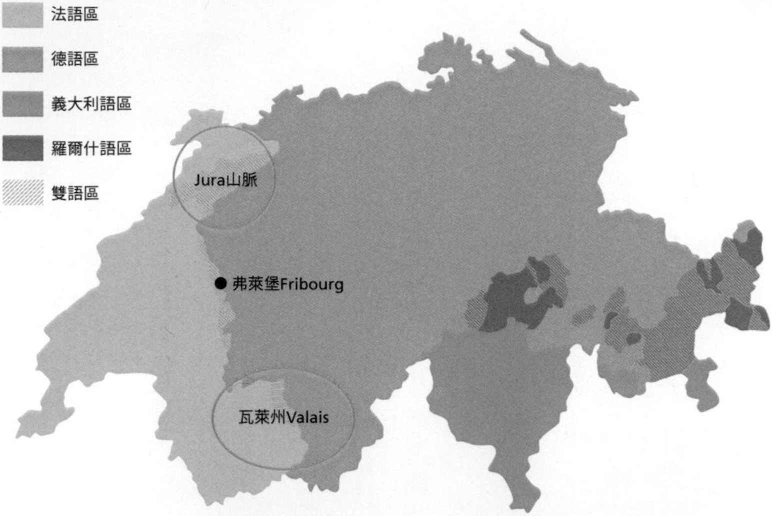

雙語城市

雖然用馬鈴薯煎餅的鴻溝劃分各語區的差異，但是伯恩、弗萊堡及瓦萊這三個州就成為過渡地帶，而有所謂的雙語城市。其中著名的雙語城市為弗萊堡和比耶（Biel），市區的街道還同時標示著德、法兩種語言的門牌，不過多年來大家一起生活也都相安無事。

這種多語的環境，好處還是多過於壞處。瑞士從小學就已經開始教授第二外文，除了本國通用的德、法、義文三種主要語言，學生還能選修英語課程。因此到了畢業步入職場的時候，多數瑞士人都已經具備二到三種語言的基本能力，只是程度好

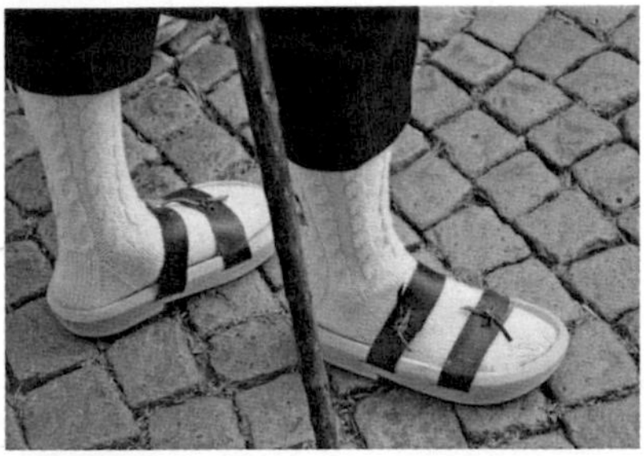
傳統的阿爾高（Aargau）居民習慣穿白襪

馬鈴薯煎餅（rösti）是瑞士德語區的代表性食物

壞的差別而已。來自不同語區的人們之間，藉由他國語言：英文來溝通，也成為一種奇特的現象。

或許瑞士數百年來這種多元文化的背景，逐漸演變成現今聯邦的型態，每個州有各自的律法、假日及地方政府。即使大家的宗教信仰和觀念不同，不過卻可以廣泛接納各方的意見，共同維護這個國家卻是無庸置疑。有民眾共同努力的信念下，才能打造出如此令人稱羨的國度。

2 生活日常

瑞士能維持這樣的生活環境，其實生活上的潛規則很多。這些規矩對於土生土長的居民來說，也許早就習以為常，但是對於外國人而言，若是不注意這些小細節，一不小心就會觸碰到禁忌。

十點洗澡的規定

瑞士給人的印象，就是一個很乾淨及恬靜的國度，不疾不徐的生活步調讓人覺得很舒服。這邊人民對於居住環境的要求，不僅於外在的硬體環境，包括居住場所的行為規範，也是相當的嚴謹。

十點之後的安寧時間

長期住在瑞士的人應該都知道，晚上十點之後得保持安靜，包括洗澡和上廁所。雖然這不是法律的明文規定，但是瑞士有所謂的安寧時間，也就是一到十點之後，基本上大家就會放低音量，避免進行干擾到鄰居的活動，這是住瑞士的居民遵守的一項默契。

來過瑞士的人應該會發現，一般住宅區入夜之後就幾乎杳無人煙。除非你是住餐廳、酒吧的隔壁，或是緊鄰車水馬龍的大馬路，否則在室內很難聽到外面的雜音。

很多城鎮入夜後，街上宛如是空城的狀態

如此安靜的環境，如果樓上住戶的腳步聲大一點，其實會聽得非常清楚，尤其是鄉下地方的一些木製老屋，走在地板上還會窸窣作響。

即使我們覺得洗澡應該不會製造什麼高分貝噪音，小心翼翼地洗澡難道不行嗎？當然你可以洗沒問題，但是水流聲、沖馬桶的聲音，樓上、樓下的鄰居都能聽得到。如果經年累月在半夜洗澡，你可能就會被鄰居列入黑名單了。不少瑞士朋友的家裡，甚至半夜起來上廁所不會沖水，男生會坐著小便來減低音量。

這樣的情況，對於住飯店的遊客或宿舍的留學生，規定就沒有那麼嚴格。但是許多民宿業者，仍然建議房客在十點前完成盥洗的動作，就是為了保障居住的品質。大家將來有機會到瑞士人家裡作客的話，千萬要注意十點洗澡的潛規則。

保持周日的安靜

除了晚間十點後的時間外，周日也是得保持安靜的一天。基本上，多數的瑞士人不會在周日使用吸塵器、洗衣機、除草機等電器用品，或是打開音響高分貝地聽音樂，就是怕影響到鄰居的休息。資源回收處在周日會關閉，禁止民眾做資源回收，因為丟玻璃瓶的聲音會打擾到附近居民的寧靜。

綜觀以上這些例子，也許你會覺得住在瑞士得遵守這些不成文的規矩，感覺好像太嚴苛。但是從另一個角度思考，瑞士人相當注重生活環境的品質，而且即使沒有法律的規範，多數民眾依然會遵守，足以看出他們的素養和自我約束力。

萬能的鑰匙

居住在瑞士的民眾，不論是承租的房客，還是自己買房的屋主，都得小心謹慎地保管好家裡鑰匙，因為萬一不小心弄丟是件很麻煩的事。

一把鑰匙通行無阻

瑞士的鑰匙設計，能夠開啟自家的門之外，公寓大樓底下的門、車庫、地下室及洗衣間等多處門鎖皆可通用。因此只要持有這支萬能鑰匙，幾乎整棟樓通行無阻，不過卻無法開同一棟大樓鄰居的門。

這樣神奇的門鎖設計，好處是不需要帶一大串鑰匙在身上，缺點是如果弄丟鑰匙，可能面臨整棟樓都得換鎖的窘境，那得花一筆相當可觀的金額。但是單憑一支鑰匙，通常是無法辨識哪戶人家，所以很少人會大費周章去更換整棟樓的門鎖。

幸運的是，瑞士的住戶得購買房屋保險，當發生火災或遺失鑰匙的時候，保險會幫你支付部分金額，並且扣掉門鎖使用年份的折舊，不用擔心得照原價賠償。即便如此，請鎖匠來開鎖的費用，換算成台幣還是上萬元起跳，因此妥善保管鑰匙是不二法則。

私下打鑰匙

在瑞士複製鑰匙，索價昂貴而且手續麻煩。根據鑰匙的型號，打一把鑰匙要價大約三十～五十瑞郎以上。房客得持有物業管理公司或房東的同意書，才能去特定的店家複製鑰匙，每支鑰匙上都有一組序號，清楚地記錄在系統裡，所以即使沒有原本的鑰匙也能製造出來。

我曾經天真地想說，既然瑞士打鑰匙這麼貴，那就拿回台灣的鎖店複製，要幾把就有幾把。結果問了好幾家鑰匙店，沒有人有辦法複製瑞士的鑰匙，因為製造鑰匙的技術和系統完全不一樣。

高寶鑰匙（Kaba key）

高寶鑰匙

台灣的鑰匙多半為鋸齒狀，得由固定的方向才能插入鎖孔。瑞士則採用高寶鑰匙（Kaba key）的設計，雖然外觀看起來沒有什麼特殊的地方，但是它的奧妙之處就在於銀白色匙身上的那排圓形凹孔，不論是正反面插入都能開鎖，而且採用分級的機械鑰匙系統（Mechanical key systems）。

機械鑰匙號稱是最安全的防盜鎖，如果沒有破壞鎖頭的前提下，基本上是很難開鎖，因此這是保險公司在評估偷竊理賠的重要依據。目前瑞士使用的鑰匙，多數上面都有高寶編號8和20兩種，還有比較高階的星級（star）。

這類鑰匙的優點就是能分級管理，一般公寓住戶持有的個人層級，能開自家的大門和公共區域；大樓管理員持有的鑰匙，還能打開像機房等更多的門，以此類推，依照用戶使用的權限來分級。有鑒於鑰匙的重要性，瑞士還有尋找鑰匙服務的公司。

尋找鑰匙

首先，要先註冊「尋找鑰匙」（KeyFinder）網站的會員，繳交五年三十瑞郎的會員費用後，你會收到一組帶有編號的鑰匙圈吊牌。當有人撿到你的鑰匙時，會投遞郵筒寄回去給服務中心，然後工作人員再藉由你註冊的個人地址，將鑰匙寄還給你。這樣的系統不但安全，更不用擔心遺失鑰匙的瑣事和額外開銷了。

出國去買菜

台灣是島國，出國不是搭船就只能搭飛機。但是內陸國的瑞士周邊與多國接壤，開車出國就像我們跨縣市一樣便利，每天都有數以萬計的人潮進出邊境，除了鄰國居民通勤來瑞士上班之外，瑞士人開車出國買菜購物的風氣也非常盛行。

物價差異，造成出國買菜的風氣

對於生長於海島的我們，上超市買菜還得特地開車出國，大家應該都沒有親身體驗過。由於物價的差異，瑞士人出國買菜早就蔚為風潮，畢竟德、法、義大利、奧地利等鄰國的物價低於瑞士，出國大血拚可以替荷包省下不少錢，沒有人願意跟錢過不去吧！

瑞士國內、生產的肉類及食品，平均高出歐盟地區價位的七〇％左右，位居歐洲地區的首位，去鄰國超市購物能明顯地感受到價差。然而瑞士人去鄰國買東西，得遵守法律規定的額度，並不是看到便宜就瘋狂掃貨，隨心所欲地把商品載整車回家。

按照規定，每個人從歐盟地區可攜帶入境的肉製品及奶油類，額度是每天各一公斤為上限，包括香腸或血液含量超過二〇%的食品都算在內。沙拉油、橄欖油等食用油產品，最多是五公升。其他商品皆有數量的限制，一旦超過就得申報繳稅。

由於規定挺嚴格，出國買菜的時候得仔細精算一番，有些家庭為了能多買些東西，會攜家帶眷去血拚，因為小孩或嬰兒都能算進購物的額度。雖然在返回瑞士邊境的時候，海關不見得會逐一檢查每輛車，但若是沒有誠實申報被查到的話，被罰錢就得不償失了。

邊境城市效應

一窩蜂瑞士人前往鄰國購物風氣的影響下，許多大型超市、購物中心就直接開設在離邊境不遠的地方，甚至在周日依然照常營業，就是為了吸引瑞士人更方便前往鄰國血拚。每逢周末的熱門時段，通往鄰國的街道經常會塞車，位於邊境超市的停車場，放眼望去幾乎停滿來自瑞士的車牌。

這樣的情況，鄰國的居民應該早就習以為常，形成許多邊境城市效應，像德國的康士坦茲（Konstanz）、義大利的科摩（Como）等，都是瑞士居民愛去逛街購物的熱門去處，而這些瑞士人常來購物的地方，物價其實也悄悄地漲價，比他們國內其他城市又稍微貴了一些。

出國買菜還能退稅

因為瑞士的增值稅（VAT）7.7%比周邊國家還低，所以出國採購不但能享受到低廉的物價，在瑞士長期定居的居民，還能享有退稅的額外好處。只要於德國同一店家消費超過 50.01€、奧地利 75.01€、義大利 154.95€、法國 175.01€，入境瑞士時便能申請退稅。

但是魔鬼還是藏在細節裡，既然可以享退稅的福利，進入瑞士也得盡申報繳稅的義務。不用申報的免稅額度是三百瑞郎，萬一購物的額度超過，就得乖乖繳 7.7%的稅。如果想退稅又不想繳稅的人，就得非常精細地控制花費的金額。千萬別有心存僥倖的心態，因為各國海關之間會通報檢查。

當然，如果你是過境旅遊的觀光客，就沒有申報和繳稅的問題。切記，在歐洲各國購物，收據一定得留著，以供海關查驗。

支持本土的產品

多年以來，因為鄰國的物價便宜，加上瑞郎的匯率居高不下，對瑞士的經濟造成強烈的衝擊。許多超市還得調低售價，或是舉辦促銷活動，吸引民眾多留在瑞士消費的意願。

雖然出國買菜的風氣行之有年，但是依然有非常愛國的民眾，為了支持本土的農民和國產商品，寧願多花一點錢留在瑞士境內消費。畢竟瑞士工資昂貴的緣故，像肉類、水果、起司等本地生產的農作物，相對的成本就比較高，若是沒有人來購買，瑞士的農家和小店將很難生存下去。

告密檢舉的風氣

不管是住在社區大樓，還是獨棟的透天別墅，多數瑞士居民都非常遵守規矩。其中一股規範人們的無形力量，就是打小報告的風氣，尤其鄉下很多退休老人平時喜歡看著窗外，有意無意地監視自家周遭的一舉一動。

習慣有規範的生活

瑞士良好的居住環境，是有賴全民共同努力的成果，這句話一點都不誇張。因為萬一哪天不遵守規矩的話，小心！去檢舉你的人說不定就是隔壁鄰居。往好的方面思考，這樣的行為是彼此互相監督，提醒自己凡事得小心謹慎；不過往壞處想，怎麼好像活在白色恐怖的年代。

隨便亂停車、垃圾回收沒做好等小違規事件，似乎不是什麼太嚴重的事，不過有很多瑞士的長輩生性雞婆，會樂意主動打檢舉電話。也許這些民眾為了維護周遭環

住家在窗邊擺著假人，嘲諷喜歡查探窗外動靜的民眾

境，而不自覺地變成義工糾察隊。但是別人家裡面的私事，諸如花園太雜亂、小孩的衣服沒穿好、懷疑假結婚等情況，被鄰居關心的案例時常耳有所聞。

先姑且不論他們為什麼愛管閒事，至少可以確定的一點，在這種全民制約的壓力下，迫使大家更會注意自己的行為。許多人的觀念裡，認為沒有妨礙到他人的權益下，就是可以接受的範圍！可是一旦讓中規中矩的瑞士人看不慣的行為，經常看見老伯伯或老太太，熱心地挺身而出去糾正他人。

如此嚴謹的社會環境，造就民眾懂得自動自發地守秩序，不免讓人感到隨時有成千上萬隻眼睛盯著你的所做所為，「敦親睦鄰，守望相助」這句口號，在瑞士絕對是發揮到極致。

辦公室也得注意「抓耙子」

這種告密檢舉的風氣，並不侷限在住家周邊，連辦公室身邊的同事也可能成為「抓耙子」。瑞士超過七〇%的公司都有合法的申訴舉報管道。雖然這樣的做法是監督工作上的效率，並且防止腐敗或違反職業道德的行為，但依然有小部分是因為個人的厭惡而惡意檢舉。

根據監控貪汙腐敗的國際透明組織（Transparency International）評比，瑞士企業的「清廉印象指數」幾乎每年都位居世界前五名的位置。由此可見，告密的風氣讓瑞士人不僅在居家生活上一絲不苟，連工作上也相當潔身自愛，因為糾察隊員就在你我的身邊。

車牌的秘密

不說你可能不知道，在瑞士的大街小巷，即使你不認識對方，但是只要藉由車牌就能立即辨別這台車是從哪裡來，而猜到是何處的居民、講什麼語言，車牌其實透露著許多車主的訊息。

關於瑞士的車牌

十九世紀末，巴賽爾地區要求機動車輛安裝車牌，其他州隨後跟進這項制度。到了一九〇五年，瑞士全國統一實施牌照登記系統。目前車牌的號碼編制方式，便是從一九三三年延續到今日。標準的瑞士車牌，是由二個英文字母加上數字的組合，英文字母代表26州的縮寫，數字是從1到6位數的序號。

所以從車牌的字母縮寫，就能判斷車主住在哪裡。根據瑞士法律，車輛登記的地址就是停放過夜的地方，而且一個月內要超過兩個周末以上。這樣一來，基本上就是車主居住的地方。

瑞士車牌前、後的大小不一樣，前方一定都是長方形，尺寸比後面的小約三分之一，後面的車牌還有正方形的款式，民眾在申請牌照的時候，可以依照車形挑選搭配。後車牌的左右兩側，分別還有紅底白十字的瑞士國徽和州旗的圖樣，形成瑞士車牌的最大特色。

認人不認車

瑞士車牌是認人不認車，換新車後照樣能使用原本的車牌，除非是搬到其他州居住，車牌才需要更換。因此即使你同時擁有二輛車，只要有一張車牌即可（註1）。如果今天心血來潮想換車出門，自己把車牌抽出來，掛到另一台車上就好。正因為車牌代表著個人身分，某些號碼自然變得搶手。

雖然瑞士人不迷信所謂的吉祥數字，但特殊的車牌仍然是炙手可熱。想要擁有指定號碼的人，可以向監理所提出申請。倘若你要求的號碼還沒發出去，只需要付點額

普通自用車的白色車牌，一邊是國徽，另一邊是州旗圖樣

額外費用，便能有這組號碼。萬一已經歸他人所擁有，他們還會代你向對方詢問是否願意轉讓，通常雙方同意就能進行移交手續。

瑞士車牌的號碼，代表發行的先後順序，也就是說車牌數字越少，發牌的年代越久遠。有些家庭甚至還會將珍貴號碼的車牌當作遺產，世世代代傳承下去。例如像數字低的特殊車牌，甚至還有人競標搶價，二〇一八年《ZG-10》的車牌就曾經以二十三萬三千瑞郎的高價賣出，是目前市場上交易車牌的最高紀錄。

特殊的車牌

除了普通家用車輛的白色車牌外，偶爾還能看到一些特殊顏色的車牌。藍色是鏟雪車或工程車、

小型摩托車的黃色車牌

工程車的車牌是藍色

綠色是農用車、黃色的是小型摩托車；軍方的車牌是黑色，而且英文字母是M開頭，不使用各州字母的縮寫。至於各國大使館的配車，最前面是CC、CD及AT的縮寫，再接上各州的代碼。認識瑞士的各種車牌號碼後，你就知道這輛車上坐著哪一號人物了（註2）。

1
雖然同一車牌可以用於不同車輛，但是最多以二輛車為上限。

2 **搜尋車主資料的軟體**

手機下載 Swiss Plates Autoindex 軟體，輸入瑞士的車牌號碼後，會顯示車主的姓名和地址等基本資料，所以如果在瑞士想藉由車子尋人並非難事。

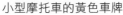

洗衣服的文化

記得剛搬來瑞士的時候，洗衣服這件事一直讓我覺得很不方便，因為不是想洗衣服隨時丟進洗衣機就好。**在瑞士有許多住宅，得依照規定的時間才能洗衣服！**

家裡沒有洗衣機

以瑞士的生活水平來說，家裡沒有洗衣機似乎很不可思議。其實買一台洗衣機沒多少錢，然而並不是大家負擔不起，而是傳統的瑞士公寓根本不會在家裡規劃洗衣機的空間。那瑞士人怎麼洗衣服呢？

早期瑞士村莊有專屬的洗衣棚，有點類似小屋或涼亭的概念，裡面有蓄水池、洗衣槽等等，住在附近的婦女們會聚集在這裡一起洗衣服。隨著時代變遷，這種公共的洗衣棚日趨式微，洗衣房逐漸地轉移到公寓樓房的地下室。

在這種公寓裡面，地面樓層或地下室有一間專屬的洗衣室，裡面會擺放洗衣機、烘衣機、晾衣架及水槽，整棟大樓的住戶得輪流共用洗衣室，模式像是學生宿舍。為了避免發生糾紛，每一戶在哪天可以使用洗衣室，都早已經白紙黑字寫得很清楚，做成周曆表格掛在洗衣室的牆壁上。

當然，如果你無法配合洗衣服的日期，也可以跟鄰居協調時間。通常住在戶數少的小樓房，一個星期平均有一～二天能使用洗衣機；若是不幸住在戶數很多的大樓，那麼輪到你洗衣服的時間大概就只有半天吧。而且通常周日是禁止洗衣服，因為怕影響到鄰居的安寧。

投幣或儲值卡

雖然大樓排定每一戶洗衣服的時間表，但絕對不是做慈善事業，免費供應洗衣機設施給大家用，使用者還是得依次付費，基本上分為投幣式或儲值卡兩種。以我舊家為例，投幣式的洗衣機0.5瑞郎能洗三十分鐘，所以平時家裡就得準備一些0.5的硬幣，以備不時之需。

鄉下地方遺留至今的傳統洗衣棚

洗衣棚裡的水池，是早期婦女洗衣服的場所

另外一種是儲值卡。每戶都要買專用的儲值卡，在洗衣服之前，你要先確認卡裡還有餘額，萬一不巧忘了去儲值，那麼很可能會發生洗到一半機器停止運轉的窘境，就得再等一個星期之後才能輪到你洗衣服。

跟鄰居鬧翻

既然是共用洗衣機和烘衣機等設備，洗衣室內會貼出《使用條款》，包括每個人在使用後得將機器擦拭乾淨，並不能佔據其他人的時間，以方便讓下一位住戶使用。不過因為洗衣服的問題而跟鄰居吵架的案例，在瑞士是屢見不鮮，很容易成為一觸即發的戰場。

有人會把地毯或寵物用品放進公共洗衣機洗，

讓其他用戶覺得很不衛生；或是洗衣服洗到忘記了，沒在時間內把洗好的衣服拿出來，耽誤到他人使用的權益。我也曾經遇過有住戶把衣服晾在那裡好幾天，結果有人去挪動那些衣服後，引發婆婆媽媽就在洗衣室爭吵起來的場面，鄰居們彼此就種下不可解的心結（註1）。

源自瑞士的發明：曬衣架 Stewi

在烘衣機未普及的年代，以前瑞士居民洗完衣服後會掛在曬衣繩上晾乾。即使到今日，有些南歐國家依然能看見衣服晾在自家窗外或陽台上的景象。不同的是，瑞士人通常晾在自家院子或洗衣室裡，不會大辣辣地將衣服當展示品秀給大家看。

萬一真的得把衣物晾在陽台上，瑞士居民也會選擇高度低的曬衣架，這樣才不會有礙觀瞻。從曬衣服的小習慣，就能看出國家的民族性，相對於南歐人不拘小節的隨興，瑞士人相對的比較內斂保守。如果哪天走在瑞士街頭，看到某戶人家的陽台上晾著整排的衣服，那九九％的機率應該是外國人。

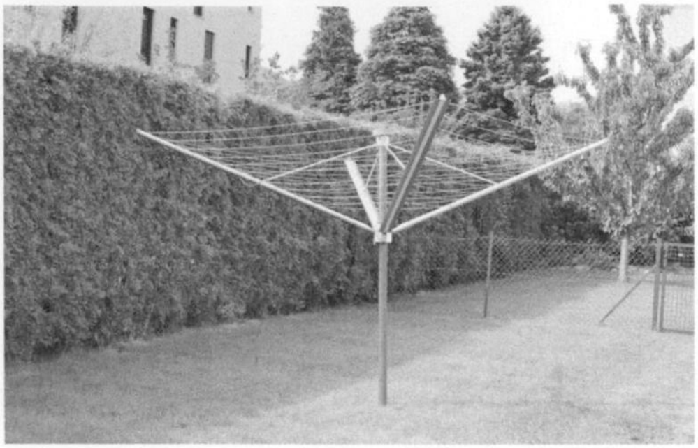
瑞士的庭院常見的旋轉式曬衣架 Stewi

雖然用繩索曬衣服是流傳已久的傳統，但是在一九四七年來自溫特圖爾（Winterthur）的華特・史坦爾（Walter Steiner）發明能折疊和旋轉的晾衣架後，產品頓時間風靡全國，還成為揚名國際的新發明。他採用姓氏和家鄉地名的縮寫，將這款曬衣架命名為 Stewi。

簡單來說，這種晾衣架就像是一把倒立雨傘的概念。中間的軸心是用一根木樁固定，打開支架後，網線隨著撐開猶如一張蜘蛛網狀，並能夠三六〇度轉動。婦女們將整籃洗好的衣物擺在身邊，晾衣服時只需旋轉支架即可，不用再拿著衣服到處移動。

如今，原始的木樁已經改良成鋁合金的材質，在操作上更為輕盈，不使用的時候還能像雨傘收起來，完全不占空間。由於兼具實用和方便的特性，許多瑞士人家裡或公寓樓下的草坪上，到處能看到蛛網狀的 Stewi 晾衣架，成為瑞士的特色之一。

洗衣後要燙衣服

洗完衣服後，還得燙衣服，這樣才算是道地的瑞士家庭。不僅是燙襯衫、褲子而已，聽過許多瑞士婦女連內衣褲、襪子，甚至抹布都會一件件燙過，然後仔細折好才工整地放進衣櫥內。從洗衣服到燙衣服的過程，足以體會到瑞士人有條不紊的態度，把一絲不苟的精神發揮到極致。

1

由於共用洗衣室實在不方便，近年來許多新蓋的大樓，逐漸在公寓內規劃放洗衣機的空間，這樣也能減少鄰居吵架的機會。如果大家將來去瑞士人的家裡作客，不妨留意看看對方家裡面是否有洗衣機。

家家戶戶有防空洞

雖然瑞士為中立國，但是自從二次大戰和冷戰的核武危機影響下，長久以來他們在國防方面便投入相當多的心力，一直保持著防患未然的觀念。其中最顯著的特殊現象，就是數以萬計的防空洞（Bunkers）。

基本的軍事防禦

對於防空洞的印象，台灣年長一輩的人，在小時候應該都有過空襲警報和防空演習的親身經歷。搬來瑞士定居後，我發現幾乎瑞士房屋都有防空洞設施。我那時便很納悶，瑞士又不是飽經戰亂的國家，這些防空洞應該派不上用場吧？！

其實早在一八八六年，瑞士政府就打造第一座重要的地下軍事堡壘。二次大戰期間，弱小的瑞士夾在德國和義大利兩大軸心國強權中間，飽受鄰國威脅的困擾，於是瑞士採取防守的戰略，派遣國防軍隊在各地如火如荼地打造防空洞。到了戰爭結束時，政府投資的經費換算成目前的物價，相當於一百億美金。

我家就有防空洞

冷戰期間各國緊張的核武危機，瑞士認為即使是中立國的立場，遇到放射性的武器攻擊也無法避免。為了防止遭受原子彈的波及，瑞士政府在一九六三年決定讓全國居民都有安全的躲避場所。因此自六〇年代起，瑞士的建築法規定在住宅樓下或附近要有防空洞的設施，萬一戰爭爆發時可以提供民眾庇護。

根據統計，瑞士私人房屋的防空洞超過三十萬個，其他公共的防空洞如醫院、軍事基地加起來，大約可供八百六十萬人使用，容納全國的民眾躲藏完全沒問題。雖然瑞士人開鑿隧道的本事無庸置疑，但是如此未雨綢繆地廣泛建造防空洞，世界上應該沒有其他國家能做到。

轉型後的防空洞

當年二次大戰時雖然情勢危急，但是地勢險峻的阿爾卑斯山脈形成了天然的屏障，他國若要入侵瑞士得付出相當高的代價。因此瑞士的防空洞數量如此多，卻沒什麼機會真正使用過，市區裡多數樓房裡所謂的防空洞，都是規劃成地下儲藏室。

目前在瑞士的森林及深山中，依然保存不少地下軍事要塞的遺跡，有些防空洞並開放給大眾參觀，甚至改裝成商業用途。雖然防空洞原本是防範核武災害，但是如今也提供儲藏、雪崩避難等緊急情況使用。下次有機會來拜訪瑞士的話，不妨找時間去參觀這些藏於地下的秘密。

由防空洞改裝而成的景點

【La Claustra 旅館】

位於葛達山路途中的 La Claustra，是一間由防空洞改裝成的四星級旅館，隱藏於峭壁底下 35 公尺深的岩層中，共擁有 17 間客房，最多能接待大約 30 位客人。沒有電視或其他奢華的設備，讓旅客體驗到戰爭時的真實環境。

- 電話：+41（0）91 880 50 55
- 時間：每年 5 ～ 10 月，得事先預約
- 地址：La Claustra San Gottardo ,6780 Airolo
- 網址：www.claustra.ch
- Email：info@claustra.ch

【Seiler Käserei 起司工廠】

瑞士著名的起司工廠之一，嚴格控制乳牛食用當地山區的草原，所以生產的有機牛奶散發著天然的香草芬芳。工廠每天消耗 8 萬公升新鮮牛奶製造的起司，並利用防空洞地下涼爽的環境來存放起司，多次獲得瑞士的競賽獎項。

- 地址：Seiler Käserei AG,Industriestrasse 45, 6074 Giswil
- 網址：www.seilerkaese.ch

【菲格斯堡壘 Festung Furggels】

興建於 1939 年的菲格斯堡壘，位於東部的溫泉小鎮 Bad Ragaz 附近，直到 2001 年前都是軍方的秘密基地，是瑞士規模最大的防空洞之一，連卡車都能開進去。裡面有 540 張床位、大型廚房、水庫及醫院等設備，供士兵在裡面生活 6 個月沒問題。

- 電話：+41（0）79 931 4001
- 價位：僅提供 10 人以上的小團體參觀，每人 50 瑞郎
- 地址：St. Margrethenbergstrasse 15, 7314 Pfäfers
- 網址：swissmountainfestung.ch
- Email：info@festung-furggels.ch

資源真的有回收

以世界整體水平來說，瑞士的資源回收率算是做得還不錯，但是環保專家認為還能更好。根據統計，瑞士人平均一年的垃圾製造量高達七百多公斤，名列全球的前幾名，其中塑膠類消耗品更是歐洲國家的三倍，但是回收量卻低於三〇％。這樣的數據不禁讓人懷疑，到底瑞士人是如何處理垃圾呢？

基本又便利的回收桶

自二〇〇〇年起，瑞士就不再用掩埋的方式處理垃圾，那些不能回收的東西便送往焚化爐。有鑑於瑞士民眾很會製造垃圾的情況，政府得大力推廣資源回收，以達到減少垃圾的數量，其中便利性是鼓勵大家執行回收的第一步。

其實瑞士做資源回收很方便，民眾自己在家裡分類後，包括寶特瓶、塑膠罐、電池類，都可以在購物時順手拿去超市的回收桶投遞。許多村莊會設置基本的回收處，除了上述的東西，例如像紙類、玻璃瓶、鐵鋁罐，都能輕易找到回收的地方。由於免費回收的便利性，近年來資源回收的成果也逐漸提升。

至於像電器、家具等比較大型的廢棄物，規模大一點的城市有專屬的資源收集場，但是進入時得檢查證件，確認是居住在本地的居民才能使用，因為各地區每年會向居民徵收基本的垃圾處理稅。如果單次回收的數量太多，超過限制的公斤數也需要額外付費。

回收需要公德心

即使瑞士政府鼓勵大家回收資源，但是依然無法全面落實執行。不少人對塑膠製品和寶特瓶分不清，為了圖方便就隨便丟棄在一起；某些地方每月僅在特定的日子回收紙類（箱），不想囤積在家的人就直接往垃圾袋丟。於是政府多年前就開始徵收垃圾袋的費用（註1），希望民眾能有效地做好回收工作。

好笑的是，少數投機取巧的民眾想省錢，異想天開地把自家的垃圾拿去公共垃圾筒丟棄，甚至還有人開車去鄰國購物時，順便載著家裡的垃圾丟在鄰國超市，種種的行徑讓人很傻眼。即便多數人都努力地做資源回收，但是瑞士新聞報導曾經揭露，由於處理的人事成本昂貴，有些民眾拿去回收場的東西，最後送往焚化爐燒掉比較便宜（註2）。

除了物品能資源回收之外，許多瑞士家庭也會善用廚餘，像剩菜、果皮、蛋殼和不要的蔬菜葉子，收集起來放在容器裡，然後拿去專門的廚餘回收處。如果自家有花園的居民，通常在後院會擺一個堆肥桶，讓食物發酵成為天然的有機肥料。不但能夠自製肥料，還能落實環保的概念（註3）。

1

瑞士大多數地區的垃圾袋得隨袋徵收費用，在各地超市或郵局可以買到合法使用的垃圾袋，通常不同城鎮用不一樣的顏色區分，所以亂丟很容易被發現。我家這邊一卷（10個）35公升大小的垃圾袋售價為16瑞郎，折合台幣一個約50元台幣，每個城市會略有差異。

2

目前瑞士的垃圾是送進焚化爐燒毀，並轉化為電力能源供電。不過依照《廢棄品條例》，焚化爐必須採用最先進無汙染的方式，對於環境所造成的危害必須小於其他的處理方式 。

3

瑞士各地的資源回收處查詢
https://recycling-map.ch/

搭火車才是王道

享譽全球的瑞士火車，絕對不是專門為觀光客所設計，因為本地居民也經常搭乘，不管是每天上班通勤或假日出遊，火車儼然融入日常生活的一部分。

瑞士鐵路介紹

瑞士國土面積41285平方公里，只比台灣大一些，但是境內火車路線卻高達3230公里，鐵路密集度位居世界第一。在十九世紀以前，瑞士鐵道全部由私人所經營，然而商業利益和政治掛勾的影響下，導致某些小公司走向破產的途徑。直到一八九八年二月通過全民公投後，鐵路才正式歸國家經營。

自一九九九年開始，瑞士鐵道由聯邦政府和各州所共同持有，少數山區依然有部分私人公司經營的路線。平常我們口頭上講的瑞士火車ＳＢＢ，便是瑞士聯邦鐵路（Schweizerische Bundes Bahnen）的統稱。火車車身及車站都會標示德文SBB、法文CFF和義大利文FFS三種語言，意思是完全一樣。

硬體及軟體兼具的服務

完善的硬體設施、貼心的服務、乘坐起來備感舒適，以上皆是瑞士鐵路吸引旅客的主因。除了普通車廂之外，親子車廂提供小孩遊戲及玩耍的活動空間，安寧車廂則是得保持安靜，嚴禁大聲喧嘩，適合怕吵鬧的乘客。長途列車附有餐車，即使在火車上也能喝咖啡或吃飯，不用擔心餓肚子。大家可以依照自己的需求去選擇。

如今，手機軟體更是扮演搭車的好幫手。人們搭車前自行透過手機購買車票，省去現場排隊的麻煩和寶貴的時間，各班列車的資訊能從APP掌控最新動態，包括從第幾月台搭車、如何轉車、列車誤點時間和票價多寡等等。即使身在陌生環境也不會感到徬徨，在瑞士搭火車就是如此便利（註1）。

綜觀全球任何一個國家，絕對沒人敢保證他們的火車不會誤點，畢竟在天氣或其他非人為控制因素的影響下，行駛過程中一定會有突發狀況，但是瑞士火車約九〇%的準點率名列世界前茅。列車精確的時間掌控，和瑞士人準時的觀念不謀而合（註2）。

搭火車看人性

瑞士各大火車站，完全沒有設置查票的閘口。民眾到了車站自行找到月台就上車，有時沿途都不會被檢查車票，有沒有買票就是自我的規範。你可別認為這樣就能搭霸王車，因為火車上偶爾還是有查票員進行查票的動作。

萬一沒買車票搭車，不但要繳交鉅額的罰款一百瑞郎，同時也會留下紀錄，若是累犯的情況，罰金將會加重處分。不過話說回來，雖然多數瑞士人都奉公守法，每個人都會乖乖地買車票嗎？那也未必。偶爾還是會看到逃票的人，尤其是青少年族群。

某些景觀列車和跨國火車之外，瑞士境內的火車都不對號（註3），上車後看到空位就隨便坐。在人潮多的尖峰時段，大家會把旁邊的座位空下來，留給其他乘客坐。其他乘客坐下來之前，也會禮貌性地詢問該座位是否可以使用。

從不設查票閘口、火車上禮讓座位等行為，能感受到瑞士人對於自我的要求甚高。即使不一定有人會來查票或坐在你身邊，但都懂得注意自己的一舉一動，這就是很瑞士化的表現。民眾的自我規範，正是為什麼這國家能保持著井然有序的原因。

1 瑞士交通票券

瑞士的火車如此便利，最重要的一點就是結合公車、電車、渡輪和登山纜車的票券配套措施。只要持有往返兩地之間的有效車票，在路線不變的情況下，你可以任意選擇搭乘火車或公車。針對外國遊客推出的旅遊交通（Swiss Travel Pass），同樣能如此搭乘多數大眾公共交通。

2 火車的延誤賠償

近年來，瑞士火車誤點的情況越來越常發生，所以政府頒布了補償的方案。自 2021 年起，只要車票超過 5 瑞郎、誤點超過 1 小時，乘客便能要求票價 25% 的賠償金額；如果票價高於 10 瑞郎、誤點超過 2 小時，則能獲得 50% 的賠償。申請方式請上官網 www.sbb.ch 辦理，搜尋「乘客權益（passenger rights）」欄。

3 不對號的火車

除非是人多的團體，不然瑞士一般火車不強制訂位，只有少數的景觀列車及跨國火車才得訂位。乘客可以自己上網或去車站櫃檯辦理，訂位費每人 5 瑞郎。

開車上路的難關

雖然大家一致推崇在瑞士搭火車才是王道，但是喜歡開車的居民也不在少數。不管是自駕還是搭乘大眾交通，兩者其實各有利弊，只是瑞士人想開車上路，並沒有那麼簡單。

貴又難考的駕照

瑞士年滿十八歲的民眾，便有考汽車駕照的資格，然而不是每個人都急著想去考駕照。尤其是住在市區的年輕族群，他們認為公共交通便利，根本沒有迫切學開車的必要。另一項讓人們卻步的因素，就是考駕照得花很多時間和精力，而且費用相當昂貴，打消不少人取得駕照的意願。

考駕照的順序，從視力檢查開始，之後得上急救課程、理論手冊及測驗，學員才能拿到一張臨時駕照。接下來，還得學習交通常識課，然後跟著教練上路練習開車累積時數。通過以上的流程，才能參加駕照的考試。以上從頭到尾，每個階段都需要花錢，前後加起來大約三千多瑞郎，相當於十萬台幣左右。

歷經千辛萬苦拿到駕照，不代表你就可以高枕無憂，因為這是有期限的初期駕照。駕駛人在二～三年的時間內，還得參加一次各種狀況的路考測驗，包括S型彎道、結冰路面、遇見行人的臨場反應等等，才有辦法換成無期限的終身駕照。假使駕駛新手在這期間犯了嚴重的違規事件，那就請從頭開始吧。

守規矩的公路駕駛人

由於考駕照的規定嚴格，因此平常街上極少出現所謂的馬路三寶，多數人都恪守良好的開車習慣。在謹慎遵從交通規則的背後，其實有很嚴格的法律在規範著大眾，其中超速和酒駕最嚴苛、也是最容易觸犯的刑責，很多人在瑞士都有收過超速罰單的切身之痛。

在行人或兒童經常出沒的住宅區，通常最高速限是三十公里。以東北部的聖加崙州（St Gallen）為例，如果駕駛人開車的時速達到八十公里的話，不但會收到鉅額罰款（二十天工資加一千三百瑞郎，註1），還得入獄一年。因為在住宅區高速行駛，視同在馬路上謀殺的行為。至於酒駕，是依照測試的酒精濃度值來懲罰，最嚴重者會終身吊銷駕照（註2）。

至於開車上高速公路，基本上大家都依照規定的速限待在外線車道行駛。遇到要超車的時候，才切進內線道加速前進，然後再返回外線道，幾乎沒有人占據著內線道不走，更不會從右側超車。這樣守秩序的行車模式，是每個人都會遵守的默契，不但安全還能讓交通更流暢。

防止超速的巧思

根據我的觀察，多數瑞士駕駛人會嚴格遵守速限，尤其是高速公路經過市區的路段、進入隧道時和住宅區，這幾處的超速照相特別多，每個人都會特別注意。政府為了防止車輛開太快，在許多學校和住家附近，還規劃一些路障設施，讓駕駛人無法盡情地加速。

這些路障有些是連續的路面凸起，或是在筆直的道路上，單邊增設突出的停車格或種植路邊行道樹，這樣一來街道寬度縮減，車輛不能直線行駛，彎曲的路線就成為緩衝車速的最佳巧思。與其說這些設計是防止車輛開太快，倒不如說是為了保護行人更貼切。

行人優先

在沒有紅綠燈的街口，地面上會漆著黃色的斑馬線。當民眾有準備過馬路的動作時，即使站在斑馬線旁還沒踏到馬路上，駕駛人遠遠看見就得煞車，禮讓行人通過，行人擁有絕對優先的路權。不過別以為這樣，任何時候想穿越馬路都能恣意走過去，因為不是斑馬線的地方，汽車根本不會理你。

記得我們常說「馬路如虎口」，即使看到綠燈的號誌時，經常還是得先讓汽車通行，路人才能小心翼翼地走過去。走在瑞士的街頭，倒是多了一份放心的感覺，尤其很多城市的舊城規劃成行人徒步區，民眾在逛街購物時能感到更輕鬆自在。

1

瑞士許多州的超速及酒駕罰款，是根據超過速限的多寡和駕駛人的收入去計算。平均來說，每小時超速 1 ～ 5 公里，罰金為 40 瑞郎；超速 6 ～ 10 公里，罰金加重到 120 瑞郎；超速 11 ～ 15 公里，則為 250 瑞郎，如此加倍罰責。

2

在警察臨檢時的酒測值，駕駛人吐氣的酒精濃度每公升 0.25 ～ 0.39 毫克，會收到警告單及罰款；如果酒測值為 0.25 ～ 0.39 毫克，會當場吊銷駕照一個月，及罰款或三年以下有期徒刑。倘若酒精濃度高達 0.4 毫克以上的話，除了吊銷駕照三個月之外，還會有犯罪紀錄，嚴重累犯的人甚至會終身吊銷駕照。

黃色的郵政巴士

瑞士的郵政巴士（PostBus），是世界上辨識度最高的公車之一，不論是翻山越嶺行駛於壯麗的山區，還是穿梭於熙熙攘攘的熱鬧城市，郵政巴士和瑞士人的日常生活是密不可分。

郵政巴士的歷史

瑞士的大眾交通網絡四通八達，即使不開車也能到達多數地方。但是在完善的鐵道系統落實之前，搭載旅客往返窮鄉僻壤和傳送郵件等服務，只能依賴驛馬車來運送。直到一九〇六年，附屬於郵局部門的巴士從伯恩開往德特利根（Detligen），正式開啟第一輛郵政巴士的序幕。

二十世紀初期，郵政巴士的路線延伸到幾條主要山路，其中包括聯繫義大利北部的辛普倫隘口（Simplon

Pass）、福卡隘口（Furka Pass），成為瑞士高山公車的代表。由於瑞士遍布蜿蜒曲折的山路，沒有火車和纜車到達的地點，那就只能靠郵政巴士來接駁。險峻的路況包括一八〇度迴旋的髮夾彎、峭壁底下狹窄的單行道、還有一旁就是深不見底的垂直斷崖，這些都是經驗豐富的司機才有辦法駕馭。

郵政巴士的外觀既漂亮又醒目。車頂的部分為白色，暗色玻璃窗具有防曬的效果，車窗底下邊緣用紅色線條裝飾，最顯眼的黃色車身上漆著三音喇叭標誌，行駛在大街小巷，讓人很難忽視它的存在。如今，瑞士境內共有二千四百多輛郵政巴士，運行的路線高達九百多條，涵蓋的範圍超過一萬二千多公里。

貼心完善的服務

原本郵政巴士的規劃，就不是針對遊客的觀光行程，主要目的還是以人們日常的通勤為訴求，因此每天有不計其數的民眾搭乘。在火車便捷又舒適的年代，為什麼有這麼多人喜歡搭乘巴士呢？絕對不是為了省錢，而是它可靠性及貼心的服務。

瑞士密集的公共交通網，由火車、巴士及登山纜車三大系統所組成，缺一不可。尤其偏遠的城鎮或山谷裡的鄉村，公車的成本低廉及調度方便，是搭載乘客最理想的交通工具。考量路況的難易度、乘客多寡等因素，郵政巴士會依照路線更換車體的大小。甚至有學校和郵政巴士配合，規劃專門載送學生的專車。

人性化的服務及誤點率低，更吸引了民眾搭乘的意願。除了車廂外有安裝懸掛單車的支架，長程的郵政巴士還規劃放置行李箱的空間，短程的市區公車都是低底盤設計，遇到推娃娃車或拉行李的人，司機還能控制地板傾斜度，方便乘客上下車。

如果萬一不小心將個人物品忘在車上，趕緊上網填寫遺失招領的表單，註明搭乘的車次時間、路線，通常找回失物的機會非常高。這些貼心的小細節，都讓人覺得非常窩心。

巴士及火車的配套措施

巴士和火車的完美搭配，是瑞士大眾交通系統另一項成功的因素。許多城市的火車站，旁邊就是郵政巴士的公車站，並規劃班次時間彼此配合，讓乘客可以無縫轉車。

除此之外，兩者的車票也是通用；購買甲地到乙地的車票，不管中間是轉幾次車、哪種交通工具都沒關係，只要在有效期限都能任意搭乘。運行超過百年的郵政巴士，跟隨著時代的步伐不斷地進步，在多數路線已經提供無線網路服務。現今，不僅扮演著市區公車的角色，更開闢多條觀光路線。大家有機會來到瑞士，不妨找時間體驗一下郵政巴士。

郵政巴士官網

- 網址：www.postauto.ch
- 附註：郵政巴士有幾條著名的觀光路線，景觀非常漂亮，有的甚至是跨州的長途路線，Bellinzona → Chur、Lugano → Tirano，需要事先上網預約。

不愛摩天大樓

綜觀世界上先進的城市，興建櫛比鱗次的摩天高樓，是展示經濟實力和都會發展的重要指標。但是如蘇黎世、日內瓦等金融重鎮，即使是寸土寸金的商業鬧區，超過二十～三十樓高的建築物是寥寥可數，難道高樓大廈不吸引瑞士人？

以農立國的瑞士，即使人口密集高的大城市，依然還是洋溢著悠閒的風味，不會有擁擠繁忙的雜亂氛圍；至於鄉下地方更不用說了，純樸的自然環境和田野風光，展現早期農村生活的原始風貌。

不喜歡住大樓

瑞士幾乎沒有摩天大樓的主要原因，就是和湖光山色的景觀不協調，隨處放眼望去皆是波光粼粼的湖泊和連綿不絕的山脈，營造出美輪美奐的居住環境。想像此時如果有一棟鋼鐵混凝土的高樓林立其中，突兀的景象完全破壞周遭的自然風光。

二次大戰後，隨著人口的激增和經濟穩定成長，全球主要城市在五〇～七〇年代紛紛蓋起摩天大樓，一方面是進步繁榮的象徵，另一方面能在昂貴土地上提供更高效益的空間使用。不過這股風潮並沒有蔓延到瑞士，除了獨棟的房屋之外（註1），瑞士房子最普遍的高度僅約四～五層樓。

瑞士超過二十～三十的高樓建築幾乎是辦公商業用途，規劃成公寓住宅的例子很少。由於大樓外型不雅觀，住戶人數多、出入複雜等因素，影響很多人住高樓的意願，於是逐漸成為貧民戶集中的地方。這樣的惡性循環下，導致越來越多人排斥住在大樓型態的公寓。

相反地，大家偏好選擇落腳於郊區的小房子，不但房價比市區低，居住的空間和品質都更好，擁有寬敞的田野綠地和鄰近森林健行步道等優勢，更適合有小孩的家庭。尤其瑞士大眾交通發達，即使住在鄉村往返城市也非常便利。

瑞士最高的建築

瑞士城鎮是走小巧精緻的風格，依然保持著中古世紀的氛圍，石板街道的行人徒步區、文藝復興風格的教堂和古典的樓房比比皆是。在二十一世紀之前，瑞士最高的建築物幾乎只有山區的水壩或橋梁。但是近年來，幾座大城市逐漸出現摩天高樓的蹤影。

位於第三大城巴塞爾（Basel）的羅氏大廈（Roche Towers），三角錐的外型矗立於萊茵河畔非常醒目，其一七八公尺的高度是目前瑞士第一高樓；至於旁邊的二號大樓預計於二〇二一年完工，高度更是一舉突破二百公尺高，成為瑞士最高的樓房。

順應民意的走向

在瑞士興建重大的工程，得經過當地民眾投票表決通過後才能進行。不少新大樓的提案，往往在公投的時候就被否決掉了。大眾認為摩天高樓的缺點多於優點，缺乏綠地和戶外空間的環境不適合兒童成長。曾經有新聞炒得沸沸揚揚的建案，都是雷聲大雨點小的狀況，最後落得無疾而終的下場。

如今瑞士仍然保存許多古老房子，不論是山區的可愛木屋，還是南部傳統的石板屋，這些都屬於文化資產不能隨意改建。即使多年後，大家還是能看見小木屋零星散落在翠綠的山坡地，這才是典型的瑞士景觀！

[1] **獨棟房屋**

瑞士有許多看起來很大的獨棟別墅或木屋，通常大約 2 ～ 3 層樓的規模，但是這種房子有時候裡面規劃成數間小公寓，不見得整棟都是屬於同一戶家庭。要如何辨別一棟房子內住了幾戶人家，最簡單的方式就是看門口有幾個信箱。

考驗人性的誠實商店

瑞士鄉下地方，偶爾會看見沒有店員的店家，這就是誠實商店。有時候是無人的自動販賣機，或是直接將商品擺在架上，讓顧客自行付錢的小店。如此對於人品信任的態度，應該沒有多少國家能做到。

自行服務 Self -Service

這類信任顧客的誠實商店，是一種延續已久的傳統買賣方式，盛行於鄉村地區。畢竟鄉下的人潮本來就不多，忙碌的農民為了節省人力成本，索性直接把農場上生產的東西，在路邊擺起小桌子或小店面，旁邊放個收銀箱子，買賣的交易過程任由顧客自行處理，主人找時間才過來關店收錢。

當客人拿走商品後，根據店家標示的價位，大家自己算好金額把錢投到收銀箱裡，然後自行找錢（有些不找零），少數店家會要求顧客在簿子上登記購買的品項，這樣就完成一樁無人交易了。習慣上，瑞士人都會直接給個接近的整數，剩下的就當小費來支持當地農民。

從自家農場生產的牛乳、現採的當季蔬菜水果、果醬、蜂蜜、雞蛋或是煙燻乾肉等等，都能在這種無人商店買到。有些店家甚至只在櫃台放著一把刀，想要新鮮的蔬果還得走去田裡收割，完全就是放牛吃草的概念。若是新鮮的牛奶，幾乎都是沒有煮過的生乳，買回家可千萬記得煮過才喝。

這種沒人看管的商店，好處是產地自銷很新鮮，基本上不使用農藥等化學藥劑。加上沒有營業時間的限制，熟門熟路的人有需要隨時能過來買，等於是變相的二十四小時便利商店，不論是主人還是顧客都不用被制約。最重要的一點，因為農場自產自銷的成本較低，無人商店的售價通常會比超市或市集便宜一些。

誠實的考驗

無人商店無疑是種良心的考驗。每年從春天到秋天的季節，瑞士鄉間總有許多農場以這樣的方式銷售農產品，包括自己採草莓、覆盆子等水果。這種信任人性的制度不但新鮮，居民更想要維持本身的榮譽感，因此鮮少有人會趁機會偷雞摸狗。

縱然大多數民眾能夠通過無人商店的測試，但未必所有人都能誠實。再完美的群體，一定都有幾顆老鼠屎，瑞士也一樣。近年來，新聞曾經報導有無人商店被竊賊搜刮，收銀箱遭小偷的案例也時有耳聞，因此不少無人商店已經加裝監視器。

超市的自助結帳系統

鄉村地區有這種無人商店，在城市裡的超市近年來也推出自動結帳的服務。民眾到超市購物時，只要自己拿著機器掃描條碼後，就能直接將選取的商品放進袋子裡，離開前從無人櫃台的機器刷卡付費即可，完全就是自助式。

超市這樣的政策，最主要就是為了節省人力成本，但是店家會擔心顧客不誠實嗎？答案是會的。因此在自助結帳的櫃台，偶爾會有工作人員突擊檢查，確認消費者有確實每項商品都付款。不過超市曾在媒體公開承認，即使有少數客人沒有誠實付費，他們的損失還是比額外雇用收銀員來得低。

因此這種以人性本善的良心商店，大概也僅能在純樸的鄉下地方成功經營。試想，倘若蘇黎世最繁華的班霍夫大道（Bahnhofstrasse）都採用無人商店政策，那些精品服飾店可能早就被洗劫一空了吧！下次有機會來到瑞士鄉村，沒看到店員別太驚慌，仔細看一下是否有標示自助結帳的牌子，說不定就是傳說中的無人商店。

3 社會福利

瑞士良好的社會福利舉世聞名，人民的所得高、退休制度完善都是眾人心中理想的天堂國度。但是在令人稱羨的風光背後，總有回歸現實的一面，瑞士人還是得努力工作賺錢才能過上好日子，天底下沒有不勞而獲的好事。

寄生上流

根據《經濟合作與發展組織》（OECD）的統計數字，瑞士薪資水平高居世界前幾名的位置，平均每個人的稅前月薪大約六千五百瑞郎，換算成台幣高達二十萬左右。這樣的薪水不知煞羨多少人，但是高所得的風光背後，依然有不少低收入的族群過著貧窮的苦日子。

高所得也高物價

來過瑞士旅遊的人都能體會，這裡的物價不是普通昂貴。一般居民每個月的基本開銷，包括食、衣、住、行等消費加起來，都是一筆可觀的數字，更不要說額外的娛樂活動，還有接踵而來的稅單和雜項等支出呢。想要在世人眼中的天堂國度生存，其實沒有想像中容易。

用最簡單的大麥克指數換算，這裡一份大麥克套餐12.9瑞郎，幾乎是上餐廳最低消費的選擇，因此很少有每天三餐都吃外食的民眾。畢竟自己上超市買菜回家，會省下不少食物的開銷，超市甚至還依售價分成不同的等級（註1），收入低的民眾，往往只會去便宜的超市採購日常生活用品。

曾經有問券調查發現，瑞士有超過一半居民感受到經濟上的壓力。如果單身的人收入不到二千七百瑞郎、四口人的家庭未達四千瑞郎，那便會被歸於低收入戶。即使瑞士的平均所得高，但是寄生在昂貴的上流國家，沒有想辦法努力開源節流，那只能淪落為貧戶的等級。

薪資差異

雖然瑞士人向來不會將薪資拿出來討論，但是依據工作性質和職位的不同，收入的高低落差也很大。具有專業性技術的職業，像醫生、律師、教授、高階主管等等，都名列於前半段；至於勞動性質的工作，諸如收銀員、工人或文書人員，只比最低工資高一些（註2）。

薪資的多寡，也會依據國籍不同而有差異。因為瑞士的薪資水平高於周邊國家的兩倍或更多，許多住在邊境地區的鄰國居民紛紛跨國來尋找工作，而被稱為「跨境工作者」（Frontières）。這些人即使領取的薪資低於正常水平，依然能賺到比在自己國家更高的收入。這樣不但破壞就業市場的薪資行情，還導致邊境附近的失業率升高。

節省的習慣

在高物價和外來人力競爭的雙重衝擊下，多數瑞士人從小就養成勤儉的美德。尤其早期由於天氣寒冷和土地貧瘠的環境，無法生產足夠的農作物，瑞士曾經是個窮困的國家。直到工業革命之後，朝著精密工業發展才逐漸改善生活，不過民眾並沒有變得奢侈。過去貧苦的背景，養成人們節儉的個性。

政府為了改善社會中的貧困家庭，多年來極力將重心放在兒童教育及職業培訓，因為教育程度明顯地和薪資所得成正比。整體來說，多數瑞士企業會隨著年資和表現來調漲員工的薪資，所以只要你的能力出類拔萃而力爭上游，依然能夠在物價昂貴的瑞士享受高品質生活。

Too Good To Go～不浪費食物

在高物價的國度生存，還是有不少省錢的密技。「Too Good To Go」就是一款最近很夯的手機軟體，只要在前一天登記好你想要購買的商品，就能以超級優惠的價格，買到附近商店打烊前剩下的食物，包括Migros超市、甜點店、農場、各種餐廳等等，尤其在大城市的選擇性更多。這樣的消費模式不但可以省錢，還能以低於市價約八〇%的折扣買到食物，因此吸引許多民眾瘋狂搶購，通常在幾分鐘內就賣完了。其實這種消費行為不是撿剩食，而是標榜不浪費食物。根據我親身購買的經驗，可能就是一些賣相比較差的蔬果，至於麵包或甜點，口感是完全跟新鮮的一樣。

[1] 瑞士超市

像百貨公司 Globus、Jelmoli 的超市，就像台北東區百貨底下的超市，屬於最貴的階層；一般價位的超市則像 Coop 及 Migros，是民眾最常去購買食物的店家。最便宜的等級有來自德國的 Lidl 和 Aldi 連鎖超市，販售的商品平均售價最低。

[2] 月收入的排行（瑞郎）

以下幾項職業，是瑞士各行業約略的最低收入及排行，提供給大家參考，同樣的職業依照所在城市、年資和職務會有差異。

- 聯邦委員：37,000
- 外交官：16,000
- 主治醫生：12,000
- 銀行經理：7,800
- 小學教師：6,900
- 記者：5,600
- 公車司機：4,900
- 一般店員：3,900
- 計程車司機：3,600
- 理髮師：2,600

直接民主的國家

瑞士自一八四八年成為聯邦國家以來，憲法便賦予人民參與決策政治的權利。在這種直接民主的制度下，不論是國際大事，還是芝麻綠豆等小事，每年有好多的議題得進行公投。說瑞士人喜歡投票，真的一點都不誇張啊！

認識瑞士的政治體系

瑞士政府的體系，分為城鎮、州和聯邦等三個行政等級，每個州擁有相當程度的自治權，因此政策和法令條款，不是全國都一樣。至於聯邦政府的成員，來自多個黨派的代表，每個黨派的理念和政治立場各有所長，所以能客觀呈現多元文化的民意。

主導立法的聯邦議會（國會）位於首都伯恩，分別由代表人民的國民院，以及各州的聯邦院所組成的兩院制（註1）。擁有二百席次的國民院，是按照各州人口比例分配席次，經由公民投票選出該州的黨派後，再依照政黨提名的名單次序當選。國民院的議員每四年改選一次，可以不限次數連任；至於聯邦院的成員也是由人民選派，每個州二個名額、半州（註2）一個名額，總共有四十六人。

在這些二百四十六位國會成員中，他們會選出七位委員組成「聯邦委員會」（Schweizerischer Bundesrat），各別掌管內政、外交、國防、交通、司法、財政和經濟等七個行政部門。瑞士聯邦的總統，就是由這七位委員輪流擔任，每個人任職一年，因此很多民眾經常搞不清楚到底誰才是現任總統的窘境。

投票表達意見

雖然目前不少國家都自稱是「民主」體系，不過許多是人民投票選出議員或立法委員，再由他們代表大眾來決定國家的政策。但是瑞士實施的民主政治，從城市、各州到國家的大小政策，每個層級都能由民眾投票來決議，一年到頭要投好幾次票。

像內阿彭策爾（Appenzell Innerrhoden）和格拉魯斯（Glarus）這兩個州，甚至還會舉辦村民大會。這項自古流傳至今的傳統活動，當地居民聚集在廣場上舉手表決城鎮的事務，包括新的建設、經費預算、法律條款等議題，形成特殊的民主特色。

公民的權利

先說明一下，並非所有住在瑞士的民眾都能參與投票。在有正常的判斷能力情況下，年滿十八歲且具有瑞士籍的「公民」才擁有投票權，他們並享有「全民公決」（Volksreferendum）和「公民動議」（Volksinitiative）這兩項權利。

「全民公決」是指政府修改憲法或通過新法令時，民眾進行投票表達同意或反對的意見。如果有人不喜歡議會的決定，在官方公佈條文的一百天內收集到五萬個簽名聯署，或是八個州提出動議，法案就會進行公投。當贊成的比例多過於反對才能生效，包括加入國際組織、修改稅率條款、同性婚姻等議題。

至於「公民動議」就是針對憲法內容，提出請求修改或制定新法案的一種途徑。通常這類動議是由團體組織或公司行號提出，遞交政府部門審核之後，在十八個月內獲得十萬個簽名，便能進行公投的程序。若是公投表決通過，政府就得進行修憲。

理性的民眾

瑞士的直接民主，堪稱是許多國家的典範，然而這不是一朝一夕就能達成的目標。畢竟歷史背景、民族文化和社會環境的不同，不是其他國家想仿效就能成功複製。瑞士每年有這麼多的投票議題，人民的頭腦卻相當清楚，知道什麼樣的決定才是對國家、對社會最有利益。

舉例來說，二〇一六年曾經有項公投的議題是「無條件發放基本生活津貼」，內容是取消退休金、失業補助等福利，然後政府按月給每位成年人二千五百瑞郎的生活費。如此直接送錢的好事，居然高達七八%的民眾投反對票。關鍵就在於人民的素質，大家寧願努力工作賺錢，也不願意過上懶惰的日子。

因此瑞士的法令從頒布到正式執行，不論是各州或城市的事物，還是國家對外的決策，都得經過多數民眾的認可才有辦法實施。居民既有權力否決國家的方案，同時也能提出新的法令讓政府去執行，這才是人權至上的表徵。

1

國民院（德文 Nationalrat、法文 Conseil national、義文 Consiglio nazionale）和各個州的聯邦院（德文 Ständerat、法文 Conseil des États、義文 Consiglio degli Stati）

2

現今瑞士是由 26 個州組成的聯邦國家，原本的巴賽爾州分裂為巴賽爾城市（Basel-Stadt）和巴賽爾鄉村（Baselland）兩個半州、瓦爾登州分成上瓦爾登州（Obwalden）及下瓦爾登州（Nidwalden）、阿彭策爾分成內阿彭策爾（Appenzell Innerrhoden）以及外阿彭策爾（Appenzell Ausserrhoden）。以上分裂的這 6 個州都被視為半州。

令人稱羨的退休金

瑞士的薪資所得高，社會福利又好，健全的制度體系堪稱是世界上首屈一指，不知道羨煞多少旁人。尤其瑞士的退休金，對於辛苦工作一輩子的人是安穩的保障，讓老年人的退休生活無虞，不依靠家人仍然能安享晚年。

瑞士的退休金來源，當然不是政府免費無償提供，而是由國家、公司企業和民眾一起分擔。支撐瑞士退休金的系統，主要細分為三個支柱（Pillar），因為其健全的制度，被認為是世界上最穩固的養老金體系。

根據法律的條款，不論是哪個國籍的人，只要在瑞士年滿十七歲有收入的民眾，自隔年一月起就得繳交所謂的「社會保險金」（德文AHV，法文／義大利文AVS），按月從薪資扣除款項，到了退休時才有資格領取，等於是政府強迫你存錢的概念。

退休金三個支柱

第一支柱

第一支柱是一九四七年經由全民公投通過的聯邦法規，政府直接從每個人稅前的薪資扣除5.275％的額度，然後雇主得支付相同的費用，雙方每個月各付一半的比例給國庫，也就是類似繳錢給國家的概念。這是國家提供的最基本保險，用途包括支付養老金、傷殘補助及遺孀撫卹金等。

正常來說，這部分的養老金大約介於一千二百～二千三百七十瑞郎之間。一旦屆滿退休的年齡，政府會依照實際繳交的年份去調整，因為有人也許中途失業或其他因素沒有繳。如果兩個人工作的年資一樣，薪資高的民眾繳納的總額雖然比較多，但是領取的金額卻是相同。第一支柱的目的，就是保障每位居民能負擔最低的生活開銷。

第二支柱

第二支柱稱為職業福利保險（Occupational Benefits Insurance，簡稱BVG）。這部分類似自己的儲蓄，只要年薪高於二萬一千三百三十瑞郎，民眾每個月就得繳納薪資的6.8%，雇主也得付同樣的費用到第二支柱的保險裡。第二支柱的主要用意，是補足第一支柱的不足，因為以瑞士的物價水平，第一支柱的費用僅能勉強維持生計。

雖然第二支柱跟第一支柱有異曲同工之處，不過對於薪資高的人而言，繳越多將來退休時領的就越多，而不是像第一支柱的基本金額。這部分比較像是存款的概念，如果你打算買房子、開店做生意，都可以運用這筆款項。但是當你用掉之後，就會從第二支柱的總額扣除，將來能領到的費用就少很多。

年屆退休的時候，如果完全沒動用第二支柱，這筆款項會平均按月提撥給你，等於每個月的養老金是第一加第二支柱的合計，這樣幾乎能維持退休前的生活品質。萬一想投資或離開瑞士居住的人，還能單次領取全部第二支柱的錢。

第三支柱

若是你覺得前兩支柱不夠退休的花費，當然可以自己額外多存養老金，這部分就是第三支柱。第三支柱屬於非強迫性的保險金，還能申報折抵稅，所以通常所得比較高的人，都會規劃存錢到第三支柱。

老年化的社會問題

綜觀以上的養老金體系，瑞士人其實不太需要擔心退休後的經濟問題，多數老人依然能夠享受不錯的生活水準。除此之外，民眾還能選擇提前或延後退休，提前退休的人會扣除養老金，反之延後退休會獲得更高的額度。

目前瑞士法定的退休年紀是男性六十五歲、女性六十四歲，但是由於戰後嬰兒潮所出生的人正值退休年齡、人類平均壽命延長，加上年輕一代的出生率偏低，面對人口老化的社會結構，養老金系統逐漸入不敷出。政府已經提倡延後民眾退休的年紀、增加稅收等方式，來彌補退休金的缺口。

安樂死

瑞士是第一個通過安樂死合法的國家。截至今日，申請來安樂死的人們逐年增加，包括二〇一八年台灣著名的體育主播傅達仁，也選擇來瑞士結束他生命的旅程，到底這樣的做法是基於人道考量呢？還是殘忍的商業手段呢？

安樂死的法令

《孝經》記載著「身體髮膚，受之父母，不敢毀傷，孝之始也」，要結束自己的生命並不困難，但是珍惜身體是我們盡孝道的最基本。安樂死其實就是協助自殺（Assisted-suicide）的美化說辭，不論在哪種社會氛圍、任何宗教信仰，自殺都不是被認可的行為，所以安樂死並非想像中的容易被接受。

然而在一九四二年，瑞士刑法通過在某些條件下，允許輔助性自殺的做法，因為每個人有決定生死的權力。對於安樂死有清楚的規範準則，又有專門的機構協助辦理，吸引許多人安排來瑞士進行所謂的「自殺旅程」，形成蓬勃發展的另類產業。

但是每個州有不同的規定，例如像洛桑、蘇黎世等地的療養院老人能夠安樂死，在信奉天主教的瓦萊州便不被允許。目前，瑞士主要執行安樂死的機構為「尊嚴」（Dignitas）、「生命圈」（Lifecircle）及「解脫」（EXIT）這三家，前兩家可以接受外國籍，而「解脫」只受理本國居民。

仔細的評估過程

想要進行安樂死，得經過冗長的手續和評估，並非生活不如意的人，心情鬱悶就能隨時上路。首先，你得註冊繳費成為會員，遞交個人的詳細資料，包括生平簡介、申請書、疾病問題等等，描述為什麼想結束生命。在處理的機構審核通過後，還要由專業醫生的診斷，確認是否合乎安樂死的標準。

當生病的人聯繫安樂死中心時，服務人員會先給予適合治療的建議，協助申請人找出解決方案。直到一連串的評估之後，像生重病造成生活起居有困難的殘疾人士、或是長期受病痛折磨的病患，才有資格執行安樂死的程序。尤其機構會確認患者是判斷力正常的情況下，深思熟慮後的決定，而非一時興起的念頭。

至於安樂死的方式，多半是喝下名為「戊巴比妥鈉」（Sodium Pentobarbital）的高速鎮靜劑，這是核准的處方藥，服用後便會在睡夢中離世。在整個過程中，藥物得由患者自行喝下，行動不便的人也能用注射的方法。不論是口服或注射藥物，都得由病患親手執行最後的動作，因為安樂死是一種自殺模式，而不是殺人。

對於安樂死的認知

很多人對安樂死機構有很大的誤解，它們的宗旨是如何讓人活下去，並非想盡辦法讓人死亡。對於申請安樂死的會員，機構首先提供其他的解決方案，在沒有緩解病痛途徑的時候，才會協助病患走上安樂死這條路。畢竟大家都希望能有尊嚴地離開這世界，而不是飽受病痛的折磨。

就像電影《我就要你好好的》（Me Before You），曾經是熱愛運動的男主角發生意外後，得坐在輪椅上渡過餘生，最後決定前來瑞士執行安樂死。對於長期飽受病痛折磨的患者來說，能夠自由選擇死亡是一種解脫，否則人生也看不到任何希望。

關於安樂死的費用

註冊成為安樂死會員的費用，年費大約五十～八十五瑞郎起跳，其他服務的收費因諮詢時間和流程而異，經濟狀況好的人也得多負擔一些費用，再加上前來瑞士的旅費等等，至少估計大約五千到一萬瑞郎。但是財務有困難的人，可以向機構協調。

瑞士安樂死機構

- Dignitas（尊嚴）：http://www.dignitas.ch
- Lifecircle（生命圈）：https://www.lifecircle.ch/
- EXIT（解脫）：https://exit.ch/

萬稅、萬萬稅

瑞士完善的社會福利，是眾所皆知的事實，不過在令人稱羨的幸福光環背後，相對的政府得有穩固的經濟基礎，否則再富有的國家總有花完鈔票的一天。這時想辦法徵收各種名目的稅賦，才有辦法提供充足的福利。

稅收

瑞士居民必須支付的基本所得稅，主要細分為國家的聯邦稅、州政府稅和城市稅等三項。聯邦稅全國的額度相同（註1），每個州和城市的稅率則因地區而異，所以稅率比較低的地方，會吸引企業或居民搬到當地，像琉森州（Luzern）、楚格州（Zug）便是以低稅率聞名。

政府的稅收來源，大約有一半是來自公司的營利所得，民眾個人的稅收只佔四五%的比例，畢竟企業所賺的錢遠比市井小民來的多，這並不讓人意外。跟其他歐洲國家相較下，瑞士的稅不算高（註2），但是零零總總的稅目加起來，似乎永遠有繳不完的帳單。

千奇百怪的稅收

電視和廣播稅

稅單的種類千奇百種，有不少讓人匪夷所思的名目，「電視和廣播稅」便是其中一項，每個家庭一年的費用為三百六十五瑞郎（折合台幣約一萬初）。大家也許會納悶，平常沒在聽收音機的人需要繳這筆稅？沒錯，因為手機和車子裡的音響也能聽到廣播，除非你能證明完全沒在使用這些３Ｃ產品。

垃圾稅

自九〇年代開始，瑞士各州就陸續推行隨袋徵收垃圾處理稅。可做為處理垃圾的經費來源，還能鼓勵民眾有效地做到資源回收。如果想隨便亂丟垃圾，衛生局和警察會去翻垃圾裡面的資料，找出是否有帳單或收據類的線索，而對亂丟的人罰款。

寵物稅

貓跟狗是最受瑞士家庭歡迎的寵物，但是這兩種動物的權利卻大相逕庭。養貓不必登記、也不需要繳稅，貓在瑞士享有絕對的自由。相較之下，狗的限制卻繁雜許多。每隻狗都得植入核定身分的晶片，大多數的州並建議主人帶狗參加訓練課程，而且每年還得繳一筆寵物稅，因為街道會提供裝狗大便的塑膠袋。

宗教稅

在瑞士許多地區，如果你信奉羅馬天主教或新教，而且有註冊成為會員，就得繳納所謂的宗教稅或稱為教堂稅（註3）。不僅是個人，某些州政府還會依照教堂的多寡，向公司收取這筆稅款，然後轉交給各地教堂的理事會，用來支付神父或神職人員的薪水。

如果不想繳納教堂稅的人，你可以去申請離開宗教信仰，但是公司只要是在當地註冊，就得按時繳交。教堂稅在某種程度有點像強迫捐獻的本質，但是像日內瓦（Geneva）和紐夏特爾（Neuchâtel）這些不需要繳教堂稅的州，教會就顯得捉襟見肘，沒有太多的經費可供運用。

想辦法節稅

既然有千奇百怪的徵稅名目，想辦法如何節稅就非常重要。因此瑞士居民在報稅的時候，會盡量找出能夠抵稅的方式。例如，跟銀行貸款買房子，算是一種負債的形式，便能抵消稅金額度；信用卡的循環利息、上班的交通費、退休金的第三支柱（上限為六千八百瑞郎）等等。

有些沒有小孩的雙薪伴侶，甚至不想註冊結婚，因為結婚得負擔更多的稅。基本上，只有退休老人和低收入戶不需要繳稅，瑞士籍及擁有永久居留權（C證）的人民，每年得自己填寫報稅表格申報。至於短期來瑞士工作的外國人，則是由雇主每個月直接從薪水扣除稅金，然後繳納給稅務機構。

雖然瑞士的平均薪資水平算是不錯，但是生活在萬萬稅的國度，其實壓力也不小。居民們甚至還開玩笑說，很害怕去信箱收信，因為幾乎有一半都是繳費的帳單啊！

[1] 瑞士的稅率

瑞士的國家聯邦稅是採累進稅率政策，收入越多課稅的比例越高。以 2020 年單身人士為例，年收入在 72,500 ～ 78,100 瑞郎，課稅額度是 5.94%；如果年收入介於 103,600 ～ 134,600 瑞郎，稅率提高到 8.8%。最高則為 11.5%。

[2]

瑞士政府平均徵收的稅率，比鄰近的義大利、法國、德國等國家還低，但是像義大利居民的健保費是由政府支出，瑞士人民得自己再額外購買健保。

[3] 瑞士人的宗教信仰

瑞士各州的宗教信仰不同，其中以羅馬天主教為大宗，大約占 36% 的人口比例，其次為新教占 25%，其他還有基督教、穆斯林和猶太教等等。高達 25% 的居民無任何信仰。

強勢貨幣：瑞士法郎

跟美金或歐元相較之下，雖然瑞士法郎（Swiss Franc，簡稱瑞郎）使用的人口沒有那麼廣泛，但它卻是世界上最強勢的貨幣之一，因為瑞郎被視為安全、又能保值的避險貨幣。

瑞士法郎的歷史

在一七九八年之前，瑞士各地區並沒有相同的貨幣，市面上流通的錢幣高達八百六十種，幾乎當地人才有辦法分辨該地方的幣值，人們一旦跨到別州便很難進行交易，或只能藉由德國及法國的貨幣來兌換。當赫爾維蒂共和國（Helvetic Republic）成立後，政府實施一連串的改革，促使經濟和貿易自由化，並推出法郎（franc）的貨幣。

此時的法郎已經是瑞士貨幣的雛型，但是因為各州、城市及修道院都能夠獨自發行，再加上傭兵帶回來的國外錢幣，超過八〇%流通的貨幣不是在瑞士鑄造，形成非常雜亂的現象。一八四八年《聯邦憲法》規定政府將是唯一允許發行瑞郎的機構，並在兩年後通過《聯邦造幣法》，瑞郎正式成為法定貨幣。

新的法律制定之後，瑞士每個州的貨幣終於統一，但是考慮到瑞士境內有講著德、法、義和羅曼語等多種語言的人口，於是將法郎正式的官方名稱定為拉丁文Confoederatio Helvetica Franc，也就是目前瑞郎幣值CHF的縮寫。這樣一來，對所有居民都公平。

為了整合當時歐洲各國不同的貨幣單位，一八六五年在拿破崙三世的建議下，法國和瑞士、比利時、義大利等國成立拉丁貨幣聯盟（Latin Monetary Union），制訂各國主貨幣的價值為4.5克白銀（或0.29克黃金），並且能夠互相流通。延續到今日，其他國家都已經加入歐元，只剩下瑞士依然使用法郎。

世界上最值錢的鈔票

目前瑞士市面上流通的貨幣，面額分別為0.05、0.1、0.2、0.5、1、2、5塊等七種硬幣，其中只有0.05的硬幣採用銅、鋁和鎳等材質鑄造，呈現金黃色，其餘都是銀色的硬幣。至於10、20、50、100、200、1000的紙鈔，尺寸依照額度的大小增加。每種紙鈔的顏色不同，圖樣的設計都呈現出瑞士各方面的特色。

以目前全球還有在發行的貨幣中，在二〇一九年三月發行的千元瑞郎紙鈔，是價值最高的單張鈔票（註1）。新版的紫色鈔票上，印製地球和握手的圖樣，訴說瑞士人善於交際的寓意。雖然市面上有四千五百萬張千元紙鈔流通中，但是平常瑞士人生活中卻很少用到，甚至還有人沒見過千元大鈔。

畢竟瑞士各行業的薪資，都是直接匯入個人帳戶，平常消費不是刷卡就是透過手機轉帳。民眾日常生活中使用的現金，面額幾乎都是一百瑞郎以下的居多。如果拿著兩百或千元的紙鈔付帳，除非你的消費金額很龐大，否則許多店家會拒收。

瑞士擁有安全又穩定的金融體系，每次國際出現經濟危機，例如波斯灣戰爭、金融海嘯、歐元區崩盤等關鍵時刻，瑞郎就成為投資者的避險工具。因此匯率始終保持穩定，還有不斷攀升的趨勢。以瑞郎和美金為例，二次大戰結束時，1瑞郎僅有0.23美金左右的價值，目前1瑞郎卻能兌換到1.08美金，足足多了接近五倍。

除此之外，瑞郎鈔票的防偽係數極高，很少看到假鈔流通。即使鈔票損毀，只要還保留編碼序號、辨識度超過五〇％以上，經過專家鑑定過，都還能拿回去銀行換新鈔。由於具有保值、安全、避險等特性，再加上銀行的保密制度（註2），瑞郎成為犯罪洗錢的熱門選擇，包括國人熟知的「海角七億」。

瑞卡票券

除了平常使用的瑞郎，瑞士還有一種像玩具鈔票的瑞卡（Reka）。這種票券已經流通多年，早期火車站的自動售票機也能使用它來付款。境內許多旅遊業，像是火車站、飯店、餐廳、博物館和登山纜車等，都普遍接受這種票券。

或許你會覺得奇怪，用瑞郎現金就好，何必要買這種票券，而且還不是所有店家都能接受，這樣不是多此一舉嗎？因為瑞士許多公司企業和員工，大量用現金購買瑞卡會有約三～二〇%的折扣，不過每年有額度的限制！如果有申請 Coop 超市、Manor 或 Jumbo 百貨公司的會員，出示會員卡購買瑞卡，便享有三%的折扣，在大型的 Coop 超市都有販售。老實說，三%的折扣真的是不太多，但是如果精打細算的人，倒也是一種省錢的消費方式（註3）。

[1] **面額最大的鈔票**

新加坡曾經發行過面額 1 萬的新幣，但是為了防止洗錢等犯罪行為，已經於 2014 年停止印製。

[2] **瑞士銀行的保密制度**

早期瑞士銀行以不提供客戶資料的保密制度聞名，而成為國際上許多罪犯逃稅的管道。但是 2014 年簽署「銀行資訊自動交換」協定，接受在特定的條件下與某些國家的信息交換，以杜絕逃稅行為和黑錢藏匿，並於 2017 年 1 月生效。

[3]

對於瑞卡有興趣的人，不妨參考官網（https://reka.ch/）的說明。

快樂的母雞

瑞士的好福利不侷限於人類，連生蛋的母雞都過得很幸福，因為政府規定每隻母雞得有數平方公尺的活動空間，禁止將雞關在籠子裡面圈養。在這樣環境下生長的雞，想必身心會格外地快樂。

性別決定命運

早期瑞士農場出生的雞，有重女輕男的現象。由於無法生蛋、肉質沒有母雞來得好等因素，許多剛從蛋殼孵化的雄性小雞，出生沒多久後就被送去機器輾壓銷毀或毒死的命運。這樣不人道的做法，深受各方的抨擊，因此在二〇一九年法令明訂遏止這樣的宰殺方式。

至於母雞就幸運多了。基於動物福利的考量，自一九九二年起，瑞士推行禁止用籠子飼養蛋雞，取而代之是寬敞的雞舍及戶外空間，即使是寒冷的冬天，還是要讓母雞能到草地上放風活動。這樣一來能提高每隻雞的運動量，使牠們可以健康地成長，達到更美味的雞蛋品質。

雞蛋的種類

瑞士每年生產超過十億顆雞蛋，根據調查顯示，許多瑞士民眾在購買蛋的時候，會考慮到農場飼養母雞的方式，來決定挑選蛋的種類。因此瑞士超市販售的雞蛋，蛋殼上印著一排數字和英文字母結合的代號，讓消費者從號碼辨別雞蛋的來源，甚至還能上網查詢母雞的生長環境。

以0-CH-1234567為例，第一個數字代表如何養雞，0＝有機飼養（雞吃的食物來源是有機，不能打生長激素）、1＝自由放養（有日光照射的戶外空間）、2＝室內（大型的室內穀倉，但是有數量的限制）、3＝籠養；中間的英文為國家代碼，最後面的數字則是生產地區或雞舍編號。

現今瑞士超市販售的雞蛋中，高達三分之二的比例來自放養母雞。為了跟上民意的腳步，Migros超市在日前宣布，自從二〇二〇年底開始，店內只販售放養的雞蛋。這樣的做法不僅順應潮流，也是為了動物的福利著想。當然，養雞成本直接反映在雞蛋的價格上，所以瑞士的有機蛋一顆售價大約折合台幣二十五～三十元。

彩色雞蛋

除了普通的生雞蛋，瑞士超市還會賣五顏六色的彩色蛋。其實這種彩色蛋已經煮熟，剝殼後可以直接吃，類似我們的水煮蛋。瑞士人在登山健行時，喜歡買些這種蛋帶在身邊，方便食用。至於為什麼要塗成彩色？因為跟生的蛋有所區別，以免消費者搞混了。

查詢歐洲雞蛋來源

www.was-steht-auf-dem-ei.de

沒有流浪狗的國度

瑞士良好的福利制度向來令人稱羨，對於養寵物也有一定的規範。這裡狗的地位不像主人和隨從如此嚴謹，而是更像朋友或家裡的一份子。現在我們就來了解一下在瑞士養狗的環境吧！

不賣狗的寵物店

根據統計數據，瑞士全國大約有五十萬隻狗，平均每十六個人就會養狗。不過很奇怪的一點，瑞士的寵物店內居然不賣狗，只販售動物的周邊用品和食物，卻完全看不到貓狗這些動物的蹤影，那麼狗的來源是從哪裡來呢？

基於人道考量，瑞士人不把狗當做商品，關在籠子裡或放進透明玻璃櫥窗這樣公然販售。若是想買狗的人，購買者必須透過網路或是報章雜誌上的資訊，找到出售

訓練狗的中心

寵物的農場或家庭，約定好時間去賣狗的地方看狗。對於剛出生的幼犬，它們得要和母狗待滿八周（約二個月大），才可以開始展開獨立的生活，也就是說小於二個月大的狗禁止買賣。

養狗的程序和規定

這些小狗的來源，多半是自家的寵物所生，或是從鄰近國家帶進來瑞士。賣狗的那方會準備好幼犬的出生資料和疫苗等文件證明，然後把狗一起交給買家。不管小狗的來源如何，飼主在接狗回家後的十天之內，必須帶去獸醫那邊做健康檢查並且登記，醫生接著要向位於瑞士首都伯恩（Bern）的「寵物身份中心」（Animal Identity Service）註冊。否則，這隻狗就如同偷渡一樣，在瑞士將不會有合法的身份。

以上這樣的程序，只是在瑞士養狗的第一個步驟。依照規定，每位飼主需要參加養狗的常識課程，並在一年內帶狗去相關的機構測驗，看看狗和人類之間的互動是否良好。若是狗有咬人的記錄，得要通報當地的獸醫，進行更深入的評估。

通過這些基本的領養程序之後，飼主每年要向當地的市政府繳交五十～一百瑞郎的稅金（每一州的規定略微不同）。既然有繳稅，瑞士的狗狗自然也享有相當不錯的福利。除了大多數的公共場所都接受狗進出之外，最貼心的一點，主人還可以幫自家的狗買健康保險，只要年齡小於七歲的狗皆可以購買，這樣萬一狗生病了，看醫生也是像人類一樣享有健保的福利。

貼心的社會環境

狗狗生活在青山綠水遍佈的瑞士，似乎都過得很快樂，牠們非但不用擔心被飼主隨意丟棄的風險，還能享有健康保險的保障。多數餐廳和商店，非常友善地接受狗和飼主同行，許多瑞士人平常會帶狗一起出門。如此體貼的社會環境，對狗狗來說簡直就是天堂。不過這樣方便飼養狗的環境，並不代表就可以隨隨便便。

走在瑞士的大街小巷，很容易看到路邊免費提供裝狗大便的垃圾袋。幾乎所有飼主出門溜狗，都會有公德心地隨手將愛犬的排泄物撿起來，街道上很少看到滿街的狗屎。像在一般的公園或公共場所，則會標示禁止狗大小便的標誌，以維護居住環境的乾淨。

由於許多瑞士人習慣帶狗出門，因此火車或公車這些大眾交通系統，針對寵物也提供相關的票券規定，通常待在籠子內的小型犬不需要買票，中大型犬則需要買半票。若是要帶狗進入森林內散步，有些州規定在特定的季節（如四～九月間），一定要將狗繫上狗繩，為了就是怕狗會騷擾到其他野生動物，影響到大自然的生態環境。

瑞士人對於狗的友善，把牠們當做親密的家人或朋友，訂立了貼心完善的制度，因此很少有人有棄養的行為。在各大城市的動物收容中心，那些被收養的動物並非從街上捕抓來，主要來源是來自過世老人家的寵物。從瑞士人妥善關懷動物的方式，可以從他們身上感受到對待動物誠摯的心。

4

教育理念

瑞士人對於教育的理念，從小就培養獨立創新的精神。家庭作業不多，不會有寫不完的功課，學校講求的是更生活化的課程。從幼稚園便教導孩童認識大自然、如何生火等技能，即使是唸技職學校，也是有大好的前途發展。

走路去上學

曾經有次和朋友聊天中，聽到瑞士未滿五歲的孩子每天會自己走路去學校。我當下覺得很不可思議，心想著這些父母還真狠心，後來才知道走路上學對本地兒童來說是家常便飯，而且他們還樂在其中呢！

訓練獨立的習慣

瑞士人從小就培養兒童獨立的習慣，許多還在襁褓中的嬰兒，便已經自己睡在另外一間臥房，而不是跟爸媽同床。進入幼稚園開始，學校老師會鼓勵家長帶孩子們走路上學，不要用開車的方式接送，當然這只是推薦，並非強迫規定，而且是採取循序漸進的模式。

剛開始幾天，是由父母親陪同小孩走路上學，藉由散步到學校的途中，介紹孩子認識自己住家周遭的環境。另一方面，學校在前幾周的課程中，會教導學生道路安全的知識。等兒童對附近環境混熟之後，便能跟街坊鄰居的小孩一起結伴同行。一群小朋友走路上學，雖然盛行於瑞士，卻不是全國性的普遍現象。平均來說，主要在德語區的比例最高，尤其是人口密集度低的鄉村地方，或郊外的住宅區較常見。倘若在車水馬龍的大城市，許多家長還是會擔心交通安全及治安問題，因此折衷的解決辦法，就是家長陪走上學。

瑞士幼稚園的宗旨，是讓小孩適應社會化的生活，重點不在學習書本上的課業。訓練孩童走路上學，不僅是培養他們獨立的精神，和同學們相約走去學校的途中，還是一種小孩們社交的場合，所以多數人會覺得很有趣。有些孩子甚至不希望爸媽來接送或跟在身後偷看，怕會被同儕當成是異類。

完善的配套措施

由於孩童對判斷車輛的速度和距離不夠準確，要家長放手讓小孩自己走路上學，當然得有完善的配套措施才能叫人安心。畢竟小孩子無法隨時保持專注力，因此自己走路上學和校外教學的時候，他們得穿著學校準備的反光背心，來吸引駕駛人的注意，隨時準備煞車。

每學期開學時，學校會安排警察來宣導馬路相關的基本知識，除了灌輸孩童自身安全的觀念，也讓他們認知現實上的交通狀況。剛開始，可能由一位媽媽輪流陪同，等到大家熟悉路況後，才會逐漸地讓孩童獨自結伴同行。每逢上下課的時間，學校附近的馬路口會安排類似指揮交通的義工媽媽協助，確保小朋友安全地過馬路。

到了中高年級的年紀，通過腳踏車測驗的孩童，在了解更多的交通規則之後，他們還能夠獨自騎單車上路。從開始由家長陪伴走路，和朋友結伴同行，到最後能自己騎車出門，每一個環節都經過審慎規劃，絕對不會拿小孩的生命安全開玩笑。

整體看來，訓練兒童獨自走路上學，好處是多過於壞處。不但能培養小孩自我負責的態度，還能藉機多運動。因此多數的瑞士家長也願意大膽地放手，而不是過度地保護，讓孩子成為溫室裡的花朵。

來去當學徒

國中畢業之後，瑞士大約僅有二〇～三〇%的學生選擇繼續唸高中，其餘多數人會就讀職業學校，因為上課的同時，又能去公司或工廠學習專業技能。這種半工半讀的教育方式深受青睞，要歸功於學校和公司相輔相成的雙軌系統。

學徒制度

瑞士學徒制度的由來已久，位於巴登（Baden）的布朗．博韋里電機工程公司（Brown, Boveri & Cie）在一八九一年成立後（註1），規模便不斷地擴張。為了自己培訓專業人才，於是在廠內開班授課，學生在課堂上學習之外，也得親臨現場操作。這樣的做法開創企業學徒制的先例，演變到今日就是所謂的實習生。

瑞士職業學校分二～四年制，依照科系和學校的類別而異。當公司開出學徒徵才的職缺時，往往會收到各方來信，不僅是剛結束國中課程的應屆畢業生，還常有找工作好幾年的成年人來應徵。通常知名度高、有規模的大公司，在篩選學徒的過程中，不論是履歷或在校成績都相當要求，所以競爭也非常激烈。

申請者通過試用期被錄取後，一個星期有幾天去上課，其餘的日子便在公司或工廠實際操作。學校裡教授專業領域的知識外，還包括書信往來、語言、體育等基本的共同科目。最重要的一點，學徒每個月有微薄的薪水（約七百～一千五百瑞郎，隨著年資調漲），對於這年紀的青少年來說，唸書拿文憑還能賺取零用錢，算是另一種吸引力。

如果在學校考試的成績不佳或嚴重翹課，公司有權力開除學徒，因此唸技職學校不是輕鬆混日子就能過關。當然各方面表現好的人，畢業後能獲得原公司聘用正職員工的機會。畢竟雇用自家學徒比向外徵才的成本低，許多企業都願意提供這樣無縫接軌的升遷管道。

如此培養人才的體系，不但可以啟發個人的興趣，新鮮人邁入職場時早已累積多年經驗，在專業領域上自然駕輕就熟。畢竟很多青少年還處在懵懵懂懂的摸索階段，能夠在學生時代就接觸工作的內容，有助於他們確認是否喜歡這項職業。這種學徒制的系統，正是瑞士年輕人低失業率的原因之一。

唸書和工作不互相影響

在我們傳統的刻板印象，不會唸書的人才會去做工當學徒。然而會選擇職業學校的瑞士人，不代表就是在校園混得不好的學生。相反地，因為年少就投入職場的環境，能培養他們比同年齡的人更成熟和獨立的態度。即使將來打算再唸書，還有其他多方管道能繼續深造。

從職業學校畢業後，大家都擁有基本的專業技術；至於打算再進修的人，可通過考試進入科技大學或其他高等教育，以獲取更高的升遷機會或薪資，絕對不會因為唸職校後，出社會就前途黯淡。政府還跟其他國家合作，讓技職學生跨國交流（註2）。

不管是唸書還是工作，文憑和工作經驗是同等重要，兩者缺一不可，但是先後順序卻沒有影響，這便是瑞士學校和學徒結合的雙軌學制優點。

1

1988 年瑞典的通用電氣公司（ASEA）和布朗・博韋里電機工程公司合併，成為全世界聞名的 ABB 工程公司（Asea Brown Boveri）。

[2] **國際技職交換**

美國、加拿大、日本、菲律賓、俄羅斯、烏克蘭、摩納哥、阿根廷、智利、澳洲、紐西蘭、南非、突尼西亞等國及歐盟地區，目前和瑞士簽署 18 ～ 35 歲的實習生交流協議（年齡依國家會稍有變動），最長能停留 18 個月，以擴展其專業技能。

全民皆兵的義務

雖然瑞士是中立國，但是一直實施男性得當兵的義務役制度。來過瑞士旅遊的人應該會發現，走在街頭或搭火車的時候，經常會遇見身穿軍服、拿著槍的軍人，他們多半就是義務役的民兵。

早期的傭兵

瑞士多山的崎嶇環境，不適合騎馬打仗的作戰方式。相反地，因為擁有廣闊的森林地，出產品質良好的木材，中世紀的瑞士人就擅長以木製長槍近距離迎敵，而發展成驍勇善戰的步兵，甚至還曾經擊退神聖羅馬帝國和法國聯軍，勇猛的氣勢震威當時歐洲各國。

再加上土地貧瘠、可以耕作的環境受限等因素，早期許多生活貧困的年輕男子紛紛出國效力當起傭兵。瑞士軍人誓死奮戰的精神和堅貞的忠誠度，更是廣受大家所讚賞，從十四到十九世紀的五百多年間，估計超過兩百萬名瑞士傭兵遍布在歐洲各地，包括法國王室的貼身侍衛及梵諦岡的衛兵。延續到今日，教廷站崗的守衛仍舊由瑞士衛兵來擔任。

義務役的民兵制度

根據一八四八年瑞士的《聯邦憲法》規定，年滿十九歲到四十四歲的成年男子都有服兵役的義務，並提到全民皆兵的民兵制。雖然女性公民不用被強制徵召，但是可以自願入伍當兵。不過瑞士徵兵並不算嚴格，如果有些像健康、疾病等特殊理由，便能夠轉調其他服務的「民役」或直接免役，甚至繳交國防稅就好。

通過體檢入伍後，每個人都會發一本小冊子，裡面詳細地記載服役的期間和編制單位。在為期三個月的基本軍事訓練期間，得學習武器操作、裝甲保養、醫療救護和通信維修等專業技能。然後這些後備軍人平時就各自返回學校或上班的職位，每年再定期回到軍隊受訓約四星期，共服役滿二百六十天即可。我們平時在瑞士搭火車看到的軍人，大多數都是屬於這類「民兵」，因此你會發現一個團體裡大家的年齡參差不齊，有年輕的小伙子、也有上了年紀的大叔。這樣的軍隊成員，不免讓人懷疑作戰的實力。

在結束軍事訓練後，這些後備軍人能把槍枝及裝備帶回家保管，甚至在退役時可以購買槍枝收藏，形成非常特殊的情況。不過瑞士軍人帶槍回家的傳統，因為槍枝失竊的案例頻繁、安全性的考量等各種原因，近年來政府修改政策的規定後，帶槍回家的比例已經不像往日那麼常見。

如今，瑞士的職業軍人只有三千多名，但是能隨時被徵召的民兵居然高達五十萬人左右。像瑞士擁有如此平和的生活環境，國家絲毫不敢放鬆國防戰備。**聯邦政府曾說過：「瑞士沒有軍隊，因為瑞士本身就是一支軍隊。」這種全民皆兵的觀念，正是瑞士保衛家園最強的軍事後盾。**

打招呼的見面禮

瑞士人是非常注重禮儀的民族，見面時若是不打招呼的話，那是很沒有水準的行為。但是面對不同的人，依交情的親密程度，打招呼的方式也不一樣，大致分成口頭上問候、握手到親臉頰等三個階段。

跟陌生人口頭上打招呼

來過瑞士旅行的人應該都知道，在山區健行和瑞士人不期而遇，大多數的人都會講Grüezi（發音類似「咕魯耶奇」）跟你打招呼，意思類似中文的「您好」，這是遇到陌生人基本的禮貌。也許你擔心語言不通無法回應，此時倒是不需要多說什麼，只要面帶微笑簡單地回：「哈囉（HELLO）！」這樣就是落落大方的表現了。

但是主動對陌生人打招呼的地方，通常僅限於人口沒有那麼稠密的環境，例如人煙稀少的鄉村街道上、健行的登山步道等等。倘若你身處人潮熙熙攘攘的大城市，走在路上逢人便打招呼，那可能會被當作神經病啊。

來到室內的場所，諸如售票窗口、餐廳或酒吧，一見面時服務人員通常會先主動向你打招呼；當你在超市或百貨公司裡頭，拿著商品去櫃台結帳時，店員會禮貌性地向你問好，這時候用相同的回應方式即可。千萬不要覺得不好意思，然後就默不吭聲，搞得一副很踐的模樣。

用語不同，代表著禮貌的程度

在不同的語區，各有獨自的打招呼用語，而且依照輩分、熟悉的程度和時間，衍生出多種打招呼方式。對於年齡比自己大、輩份比較高的人，像是老師及上司，瑞士人會用禮貌性的措辭；相反地對輩份低的人或小孩子，便可以用隨興一點的說法。

以德語區為例，陌生人見面時候就是說「Grüezi」，熟悉的朋友或平輩之間才說「Hoi」。由於「Grüezi」這個字是瑞士德語，所以德國人並不會這樣講，成為代表瑞士德語區的獨特用法。若是在瑞士以外地區聽到這字眼，那這個人不是來自瑞士，應該跟瑞士頗有淵源。隨著時間不同，打招呼的措辭也需要改變。白天的時候說「您好」，到了傍晚或晚上就說「晚安」。至於法語區和義語區的規則也是類似（註1）。

同事及熟悉的親友間，握手或親臉頰

對於初次見面的對象或是不熟的人，例如辦公室同事或朋友聚會時，不論任何性別都是握手，並介紹自己的名字就好。親朋好友見面時，除了口頭上打招呼之外，還會多些肢體上的動作。男性朋友間的問候就是握手，然後簡單地寒暄幾句，此時千萬記得眼睛要看著對方，否則就是不禮貌。

至於更熟識的親朋好友，異性的男女和女性閨密之間，除了口頭上打招呼之外，同時還會親臉以示友好。這裡所謂的親臉並不是嘴對嘴，而是彼此用臉頰貼三次的方式，從右邊臉頰開始，一邊親一邊問候。不過最尷尬的情況，就是彼此對友好程度的判定，到底是該親臉頰還是握手，這可就要見機行事了。

[1] 各語區打招呼的用詞

	禮貌性用法	朋友間用法
德語區	白天 Grüezi 晚上 Guete Abig（晚安）	Hoi、Salü、Sali、Tschau （哈囉）
法語區	白天 Bonjour（您好） 晚上 Bonsoir（晚安）	Salute（哈囉）
義語區	白天 Buon giorno（您好） 晚上 Buona sera（晚安）	Ciao（哈囉）

5 瑞士飲食

來過瑞士旅行的人覺得食物貴又難吃，說這裡是美食沙漠完全不誇張。因為天氣環境等因素，瑞士人的飲食普遍重口味，多數菜餚都偏鹹，本篇就來介紹當地的食物特色。

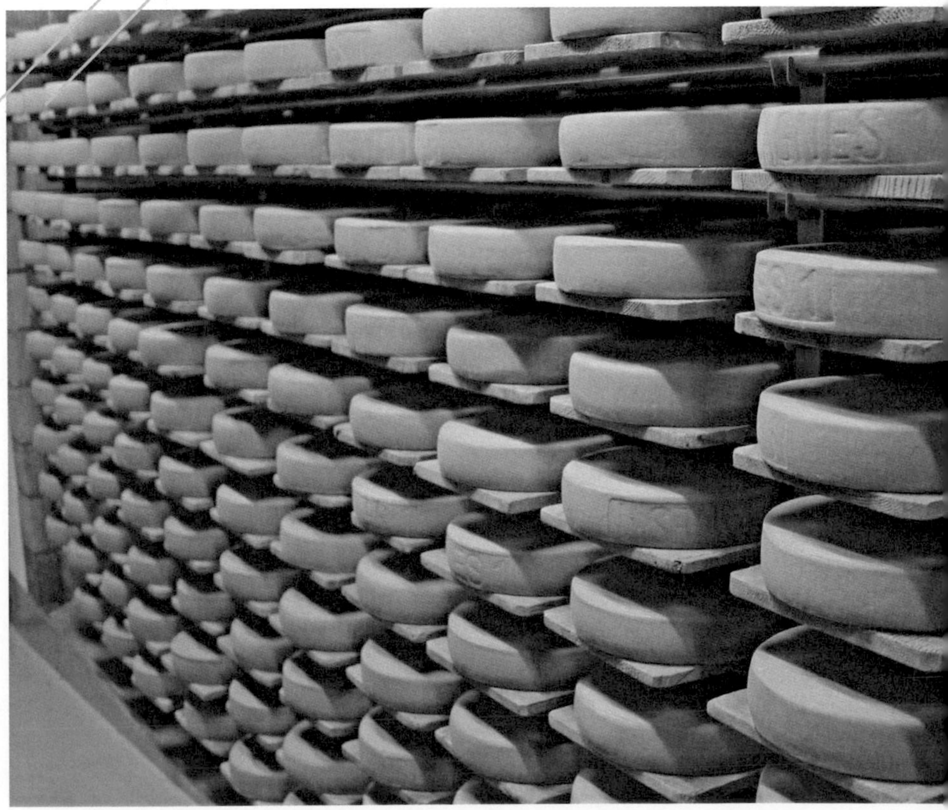

醇美醉人的巧克力

瑞士巧克力不僅是遊客的最佳伴手禮，本地民眾也愛不釋手。平均每位瑞士人一年吃掉約十公斤的份量，琳瑯滿目的口味，說這裡是巧克力愛好者的天堂絕對不為過。

瑞士巧克力的歷史

在巧克力發展的歷史上，瑞士扮演著功不可沒的角色。最初，人們把可可粉拿來當作醫療用途，後來發現加了糖及蜂蜜之後的口感極佳，這種苦澀的飲料才開始廣為流行。十六世紀哥倫布將可可豆帶回歐洲，因為得經由繁瑣的人工處理過程，躍升為昂貴的奢侈品。

瑞士由於地理位置的優勢，成為當時歐洲加工巧克力的中繼站，原先只在瑞義邊境的提契諾州生產。直到工業革命後，研磨機、攪拌機、壓榨機等各種機器的問世，藉由機器的自動化生產，大幅降低巧克力的成本，逐漸變成一般民眾都能夠消費得起的商品。一八一九年，法蘭斯瓦・路易・凱勒（Francois-Louis Cailler）於法語區葳葦（Vevey）成立第一家機械製造巧克力的工廠，成功地將可可從液態飲品轉化為固體狀，讓原本黏稠狀的巧克力蛻變成硬塊的美味甜食，開啟了瑞士巧克力百家爭鳴的時代。

整個十九世紀，瑞士各地陸續開設巧克力工廠及專賣店，製作的技術不斷地提升，除了在生產過程中添加糖或榛果讓口感更好之外，丹尼爾・彼得（Daniel Peter）和他的鄰居亨利・雀巢（Henri Nestlé）研發出奶粉和巧克力的驚人結合，這便是牛奶巧克力的先驅，自此巧克力開始在世界各地大放異彩。

知名品牌：史賓利 Sprüngli

大衛・史賓利（David Sprüngli-Schwarz）和他的兒子魯道夫（Rudolf）於一八三六年在蘇黎世舊城區投資的甜品店，隨後成立工廠生產巧克力。一八五九年他們在熱鬧的班霍夫大道上的閱兵廣場（Paradeplatz）買下店面，憑藉繁忙商圈的優勢，成功地打響這家老字號的咖啡廳及巧克力專賣店。

超市販售瑞士蓮各種口味的巧克力

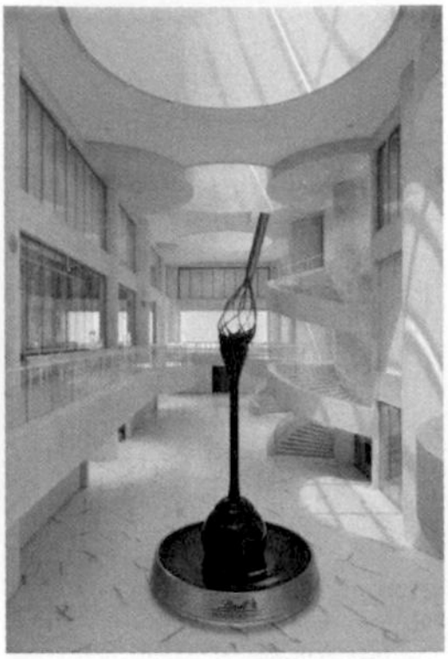

博物館內 9.3 公尺高的巧克力噴泉

營業超過一百多個年頭，史賓利依然是蘇黎世居民喝咖啡、吃點心的熱門場所。新藝術風格的樓房、奢華的大理石建材，以及典雅的吊燈裝飾，文青的氛圍引領著各時代的潮流。他們家的產品承襲傳統的祕方製作，香醇的巧克力獨佔瑞士龍頭寶座的地位。

魯道夫退休後，由兩位兒子接管家族的巧克力事業。約翰（Johann）擁有工廠的部分，後來在一八九九年買下伯恩的另一家巧克力製造商，合併之後就是世人所熟知的品牌瑞士蓮（Lindt & Sprüngli）。至於大衛（David）則掌管實體店面，包括蘇黎世 Confiserie Sprüngli 這家旗艦店咖啡廳。今日，在瑞士各城市、火車站和機場共有二十七家門市。

世界最大的巧克力博物館

為了讓大家在品嚐美味的巧克力同時，也能了解到它發展的歷史，世界上規模最大的巧克力博物館（Chocolate Museum）在二〇二〇年九月於蘇黎世開幕。這家由瑞士蓮公司所打造的博物館，大廳中央有座9.3公尺高的噴泉，源源不絕的巧克力自上方流下，在底部匯集成一顆球狀巧克力，場面非常壯觀。

Confiserie Sprüngli 咖啡廳

- 網址：www.spruengli.ch
- 地址：Bahnhofstrasse 21,8001 Zürich
- 交通：自蘇黎世中央火車站沿著Bahnhofstrasse 步行前往約 15 分鐘
- 時間：周一～五 7:30～18:00、周六 8:30～18:00

瑞士蓮巧克力博物館 Lindt Chocolate Museum

- 網址：www.lindt-home-of-chocolate.com
- 地址：Schokoladenplatz 1,8802 Kilchberg
- 交通：自蘇黎世中央車站（Zürich HB）搭火車到 Kilchberg，車程約 10 分鐘，下車後再沿著湖邊走約 15 分鐘
- 時間：周一～五 10:00～18:00、周六 10:00～17:00
- 價位：成人 15 瑞郎、8～15 歲 10 瑞郎、0～7 歲免費、65 歲以上 13 瑞郎

假日早餐吃辮子麵包

瑞士人的早餐其實還算簡單，基本上熱食不多，通常是麵包、優格、起司等食物，搭配一杯咖啡或果汁，這樣就是很普遍的早餐內容。不過每逢周日或假日早上，吃辮子麵包（Zopf）則是瑞士人的傳統習慣。

辮子麵包最早出現於十三~十四世紀期間，關於它的由來眾說紛紜。傳說是從前男人死去後，做為妻子的得陪葬以示忠貞。但是這樣的方式未免太殘忍，於是人們想出了變通之道，讓寡婦剪掉頭髮放進棺材來取代陪葬，因為結髮代表著夫妻間永恆的愛情。後來演變成把麵包做成辮子的形狀，陪伴在亡夫的身邊「象徵性」地陪葬。不過這種說法並未獲得學者的證實。

另一種說法則比較有真實性。中古世紀麵包工會成立的時候，創造了這款用白麵粉和奶油製成的麵包。在那個年代白麵粉屬於昂貴的奢侈品，普通家庭僅能在特殊節日偶爾享用，於是每逢假日家人聚在一起吃早餐時，辮子麵包就成為餐桌上主要的食物。

親手做辮子麵包

製作辮子麵包的主要原料很簡單，包括白麵粉、酵母、糖、鹽、牛奶、雞蛋和大量的奶油。將以上的原料均勻混合，讓麵糰靜置發酵膨脹後，再揉成長條狀編織成辮子的外觀，最後在上面塗上蛋黃。放進預熱約二百度的烤箱中，烘烤約五十分鐘左右就大功告成了。

撕開新鮮的辮子麵包，裡面口感和牽絲的模樣跟吐司很像，但是外皮比吐司來的稍微硬一些。很多瑞士人的吃法，會先把辮子麵包切片，然後塗上奶油或果醬一起食用，也看過有人同時抹上這兩種。如果沒吃完的話，放進盒子或用塑膠袋封起來，保存二～三天口感依然非常好。相較於麥類製成的硬麵包，辮子麵包鬆軟中帶有嚼勁，而且還散發出陣陣的奶油香味，因此普遍受大家的喜愛，在各大超市及麵包店一定都能買得到。

即便如此，許多瑞士人還是習慣親自動手做，現烤出來的麵包不但風味更佳，更重要的是家庭凝聚的那份心意。如今，很多瑞士小孩都滿心期待，周日早餐能吃著媽媽做的辮子麵包呢。

許多瑞士人喜歡塗奶油和果醬一起吃

無法抵擋的咖啡魅力

根據《咖啡協會》（Cafetier Suisse）調查的結果顯示，瑞士人平均每天喝三杯咖啡，僅次於挪威和德國人，位居世界第三名的位置。喝咖啡的文化，完全融入瑞士人日常生活的一部分。

不知道你是否也這樣，早上起床還處在睡眠惺忪的狀態，第一件事就是先去沖杯熱咖啡喝。若是沒喝到咖啡，大腦有種無法清醒的感覺。姑且不論喝咖啡是為了提神，還是純粹一種被制約的習慣，不少人對於咖啡的迷戀，已經達到無法自拔的地步。

急著出門搭車的上班族，途中經過各大火車站的小店，便隨手買杯熱咖啡在車上喝；或是找間裝潢典雅的咖啡廳，一手翻著報章雜誌或滑手機的同時，如文青般優雅地啜飲著手中香郁瀰漫的咖啡。用咖啡揭開一天的序幕，身體頓時間感覺到滿滿的正能量。

該喝什麼咖啡

不過對於如何喝咖啡，向來就是非常具有爭議性的話題，畢竟每個人的偏好和口味不同，瑞士各語區對於咖啡的認知，存在著明顯的差異。以下是幾種在瑞士常見的咖啡：

濃縮咖啡 Espresso

被視為最道地的喝法，雖然大約只有一口的份量，但高壓萃取的強勁口感散發於味蕾間，這樣的濃度被認為才是正統的咖啡。對於喜歡喝濃縮咖啡的人，他們對一大杯的美式咖啡，根本是不屑一顧。

夏蕾 Schale

基本上這算是咖啡牛奶，將濃縮咖啡加進牛奶裡面，而且牛奶的份量比咖啡多，不喜歡咖啡味太濃厚的人通常愛喝這款，接近義大利人喝的拿鐵瑪奇朵（Latte macchiato）。

奶油咖啡 Kaffe-crème

這是從濃縮咖啡演變而來，但是份量多、濃度比較淡，走美式咖啡的風格，自一九八〇年代起便在瑞士和北義地區流行，被視為瑞士代表性的咖啡。如果在餐館點咖啡時不特別說明，服務生端上桌的就是這種。

琉森咖啡 Luzerner Kafi

咖啡搭配些許的酒一起喝，通常是加杜松子酒（Gin）或渣釀白蘭地（Grappa），據說琉森地區從十八世紀便有這樣的喝法，所以才稱為琉森咖啡。

飯後喝咖啡

在搞懂各種咖啡的差異後，該什麼時候喝咖啡也是一門學問。畢竟咖啡不能當普通飲料，隨時擺一瓶在身邊大口喝。大致上來說，早上起床後、上班休息的空檔及用餐結束後，是瑞士人會喝咖啡的主要時段。**「飯後來杯咖啡，快樂似神仙」，瑞士人用餐後習慣來杯咖啡，否則就好像這頓飯少一味。**

拿鐵瑪奇朵（左）和濃縮咖啡（右），份量相差很多

去酒吧或露天咖啡座喝咖啡，是許多民眾的日常習慣

我曾經聽過一則真實故事，亞洲旅客在瑞士餐廳吃飯，一坐下來準備點餐時，店家過來詢問要點什麼飲料，他們不假思索地點咖啡，頓時服務生露出一臉疑惑的表情。因為咖啡通常不是餐前，是吃完飯才會喝！

不論是繁忙的大城市，還是恬靜的鄉村小鎮，喝咖啡都是瑞士人約朋友見面的重要活動。尤其是規模小一點的鄉鎮，如果每天上住家附近的酒吧餐館，你會發現坐在那裡喝咖啡聊天的人，幾乎都是固定的熟面孔，因為這是和街坊鄰居維持良好關係最簡單的社交方式。

香郁濃厚的起司鍋

如果票選瑞士名氣最響亮的食物，那就是非起司鍋莫屬。雖然許多瑞士家庭經常在冬天吃這道菜餚，但是曾經吃過的遊客卻褒貶各半，喜歡的人覺得很好吃，不愛的人吃幾口就食不下嚥。

起司鍋的由來

起司鍋的由來，跟自然環境有密不可分的關係。這道菜的源起，可追溯到西元前八百年左右，當時人們以山羊起司、葡萄酒和麵粉混合加熱來食用。後來，住在阿爾卑斯山區的居民生活條件困苦，在嚴寒的冬季無法生產新鮮的農作物，於是將庫存的起司加熱後，搭配麵包沾著吃，不但提供身體足夠的熱量，又能圖個溫飽。

直到一六九九年，蘇黎世出版了一本食譜書《用酒烹飪起司》（Käss mit Wein zu kochen），內容詳細地描述把切碎的起司和葡萄酒放在鍋內加熱，拿麵包浸泡融化後的起司再食用，這是近代關於起司鍋最早的記載。演變到後來，還有在起司鍋加雞蛋的作法，並在瑞士、法國山區流傳開來，成為一道熱門的菜餚。

在一九三〇年代的時候，《瑞士起司聯盟》（Swiss Cheese Union）為了促進起司的銷售量，努力將起司鍋推廣為國菜，各地方還研發出不同口味的食譜。二次大戰結束後，甚至直接往各軍營推銷，打出「吃起司鍋會有好心情」等口號，在不斷強力的洗腦之下，起司鍋成為瑞士深植民心的國民菜餚。

自己在家煮起司鍋

既然演變成國民菜，多數家庭購買食材自己動手做，是不會失敗的基本料理。依據起司種類、調味料、配菜和酒款的搭配，衍生出五花八門的風味，每個地區還有獨特的配方。通常起司鍋採用當地生產的起司為主，不過最受歡迎的還是格魯耶爾（Gruyère）、瓦雪林（Vacherin）和艾門塔爾（Emmentaler）這幾款。

首先，在鍋子裡撒些蒜末和玉米澱粉，倒些白葡萄酒或櫻桃白蘭地，接著底部用小火加熱，再把搗碎的起司加進去一起攪拌均勻，直到成黏稠狀為止，有人會添加洋蔥及胡椒粉等調味料。在上桌食用的時候，把麵包撕成小塊狀用叉子叉住，放到鍋內沾融化的起司這樣吃即可。

除了麵包以外，香腸、馬鈴薯、紅蘿蔔、花椰菜等青菜，都可以當配菜沾醬來吃。雖然主要的成分和吃法大同小異，在家煮能依照自己的喜好而變化菜色，並斟酌調配酒和起司的比例。在寒冷的冬天，全家人坐在餐桌一起享用熱騰騰的起司鍋，有種圍爐的幸福氛圍。

瑞士人吃起司鍋時有個傳統，當叉子上的麵包不小心掉進鍋內時，那個人就得接受處罰。至於處罰的方式五花八門，有的是得請喝飲料、或是即興高歌一曲之類，畢竟醉翁之意不在酒，只是為了增加餐桌上的小樂趣。

冬天吃起司鍋能提供足夠的熱量

起司熟成的過程中，要敲打檢查以控管品質

不吃會遺憾，吃了會後悔

每逢滑雪季節，吃起司鍋暖身還能補充足夠的熱量消耗。在披著白雪的村莊和滑雪景點，起司鍋堪稱是山區最受青睞的餐點。雖然這道菜在瑞士掀起流行的旋風，但是只侷限在德、法語區，靠近義大利的提契諾州卻絲毫不為所動，依舊吃美味的義大利菜餚為主。

起司鍋號稱是瑞士最火紅的菜餚，但是因為散發著濃郁的酒味，對於討厭喝酒的人應該很難接受。很多來旅遊想品嚐起司鍋的人，他們吃過後的評價是「不吃會遺憾，吃了會後悔」，絕對是最貼切的形容。

不中式的中式火鍋

瑞士人喜歡冬季吃鍋，除了我們經常聽到的起司鍋，中式火鍋也是非常普遍。也許你會覺得奇怪，中式火鍋怎麼會變成瑞士菜餚呢？

當初起司鍋的發展，目的是為了增加國內起司銷售量的行銷手段。但是中式火鍋的來源，是瑞士人去中國旅行後，覺得東方火鍋跟起司鍋有異曲同工之處，便將這種火鍋引薦回瑞士，創造出符合當地人口味的山寨版本，並取名為「中式火鍋」（Fondue Chinoise）。

瑞士人吃中式火鍋時，每次就是捲一片肉在叉子上，然後放進鍋內煮熟

畢竟瑞士人已經有吃起司鍋的習慣，於是容易接受另一種新的火鍋，從一九七〇年代開始，中式火鍋很快地在瑞士流行起來。同樣是屬於火鍋類，兩者使用的鍋具卻不一樣；起司鍋採用陶瓷的材質，中式火鍋則用鐵鍋，兩者都是以酒精燈在鍋爐下方加熱烹煮。

中式火鍋卻不中式

雖然稱之為中式火鍋，不過瑞士人和我們傳統火鍋的吃法卻大相徑庭。每逢聖誕節前夕到元旦假期，是吃火鍋的熱門時段，各大超市開始販售專用的冷凍肉片，比較講究的家庭會去肉舖切新鮮的薄肉片，口感更好。

傳統中式火鍋的湯頭變化多端，但是多數瑞士家庭只放雞湯塊。我們的火鍋還講究食材內容，肉類、海鮮、餃類、丸子、蔬菜及豆腐等等，菜色非常多元豐富。至於瑞士的中式火鍋，基本上就只有牛、豬或雞等肉片，偶爾也會出現魚肉。不過他們以沾醬取勝，包括咖哩醬、雞尾酒醬、塔塔醬，都是老外偏好的酸酸甜甜口味，就是沒有我們必備的醬油及沙茶醬。

中式火鍋的吃法也是仿照起司鍋，將肉叉在叉子上捲好放進鍋內煮（燙）熟後，再拿出來放在自己的盤子上吃，過程就像是涮涮鍋。只不過瑞士人每次只煮單片肉，吃完再煮下一片，這種紳士的吃法，忙了老半天才吃到一片肉。老實說，和瑞士人吃中式火鍋有種不夠過癮的感覺。

至於搭配肉類的主食，有米飯、馬鈴薯、薯條或洋芋片，當然生菜沙拉也是常見的配菜。瑞士的中式火鍋，通常是在慶祝聖誕節、元旦新年，諸如此類重要節日的特殊餐點。因為這些節日是家人團聚的日子，準備中式火鍋來招待客人，就不需要在廚房忙著煮一堆食物，於是就變成多人聚餐的最佳選擇。

米飯怎麼吃？

瑞士民眾的主食以馬鈴薯和麵粉類為大宗，偶爾吃米飯的家庭也不少，因此各大超市販售著各式各樣包裝的米。依照種類的不同，烹調米飯的方式自然有差異，瑞士人對於米飯的吃法絕對會顛覆我們的想像。

瑞士人的飲食習慣深受地理環境影響，由於地處寒冷又崎嶇的高山環境，自古以來居民的主要食物來源就是農牧業，馬鈴薯、起司及煙燻肉類便成為傳統的料理。直到近代，在各國商業貿易往來頻繁下，瑞士的超市開始販售異國食物，米飯逐漸成為非常普及的主菜之一。

走進各大超市裡，光是架上琳瑯滿目種類的白米，乍看之下不知道該選擇哪一種米才好。屬於長粒的印度香米和美國米，吃起來口感偏硬；產地為義大利的中粒米，整體的黏稠度比較佳，主要是用於煮燉飯；至於扁長的泰國香米，則是接近我們傳統的白米飯。

瑞士的超市賣各種不同的米，其中紫色的包裝，口感跟我們的白米飯比較接近

煮飯的方式

料理燉飯和白米飯的方式不一樣。在以米飯為主食的亞洲家庭，電鍋幾乎是廚房必備的電器用品。雖然市面上一般電器行皆有賣電鍋，但是款式非常陽春，飯煮出來的口感稍微差一點。況且瑞士人吃燉飯的比例比白米飯高，因此真正會入手電鍋的人並不多。

曾經到瑞士人家裡作客，我無意中看見他們煮白飯就像煮水餃，放進沸水裡一邊煮一邊翻攪，等到飯煮熟再撈起來。當然這樣的料理方式沒有什麼不對，西方的燉飯吸水性強又比較耐煮，就很適合這樣的煮法。只是看在我這個亞洲人眼裡，「白飯水煮」倒是覺得很新鮮。

因為品種的差異，正常情況下燉飯的口感會稍微偏硬。對於習慣吃Q軟白米飯的亞洲人，尤其是老一輩來瑞士旅行的時候，常會嫌餐廳的燉飯沒有煮熟。但是其實燉飯煮到太爛會變得不好吃，所以要控制燉飯的口感也是一門功夫。

至於深受亞洲人喜歡的白米飯，很多瑞士朋友認為吃起來沒味道，結果我就遇過白飯煮好後要撒鹽巴的家庭。更誇張的是，在白飯上淋醬油、加美乃滋或番茄醬調味的人不計其數。如此重口味的吃法，大家應該覺得很好奇，瑞士人不會吃太鹹嗎？

重口味的飲食習慣

的確，瑞士人的飲食習慣偏鹹，平均每人每日攝取鹽份高達九克，遠超過建議的標準值六克。因為寒冷的國家，吃比較重口味才能提供身體足夠的熱量禦寒，所以瑞士人早就演進到這樣的飲食習慣了。不管是起司還是煙燻乾肉，含鹽的量都相當高。

根據瑞士政府的統計數據，國內有三分之一男性及五分之一女性有高血壓問題，很多民眾每天攝取鹽量的比例超標。因此《聯邦公共衛生局》努力地倡導各類食品製造商，將減低食物中鹽份的含量。大家有機會來瑞士的話，不妨來鑑定一下是否食物偏鹹。

沁涼好喝的水

瑞士山明水秀的自然環境，水的品質絕對是全球名列前茅。家家戶戶水龍頭一打開，沁涼乾淨的水就可以直接飲用，部分山區湖泊或河流的天然水源，甚至能達到生飲的標準，不知道羨煞多少人。

豐沛的水資源

擁有星羅棋布的湖泊和許多超過四千公尺高的雪山，瑞士的水資源非常充沛，幾乎沒發生過缺水的情況。這邊民生用水的主要來源，八〇％是雨水、融雪及冰河融化形成的地下水和泉水，其餘二〇％則來自河流和湖泊。只要每年約二％的降雨量，便足夠供應全國居民的飲用水，並能提供位於河流下游的鄰國使用，堪稱是歐洲水源的供應商。

尤其萊茵河（Rhine）和隆河（Rhône）等歐洲重要

瑞士的水質清澈見底

翡薩斯卡水壩是高空彈跳的知名景點

河流的源頭都在瑞士境內，為了確保水源不受汙染，政府實施嚴格的環境維護措施。自十九世紀中葉起，各山區開始建造水壩，不但能有效地儲存水資源，還利用水力發電創造節約能源的附加經濟價值。

瑞士境內總共超過二百座的水壩，其中興建於一九六四年的大迪克桑斯水壩（Grande Dixence Dam），高度二八五公尺為世界上最高的重力壩。而位於義大利語區的翡薩斯卡水壩（Verzasca Dam），還曾經是007系列電影「黃金眼」的拍攝場景。許多水壩除了蓄水功能外，還順勢發展成熱門的旅遊觀光景點。

水的來源及處理方式

由於水源豐沛，在城市街頭或山區的健行步道，

街頭有許多的泉水

Eau potable 表示可以直接飲用的水

瑞士隨處可見可飲用的小水池。基本上，出門只要帶水壺或寶特瓶，隨時都能裝滿透心涼的水，讓你喝多少就有多少。但是乾淨水質的背後，得經過嚴格的控管，才能讓民眾喝的安心。

山區泉水的好處是幾乎沒受到汙染，不需要經過特殊的化學處理，採用紫外線殺菌劑就足夠了。除此之外，匯集的水源經由管線流到蓄水池後，利用高山地形的高度落差自然產生的壓力，不需要額外的電力系統去進行配置，能節省額外的成本。

至於湖水和河水，由於上游地區的嚴格控管，所以水質都清澈見底。但是因為天鵝或魚類等野生動物的關係，湖水得再經過臭氧化處理、石英砂過濾、活性碳分解等多重步驟處理，才能成為飲用水。依據來源、含有礦物質的多寡及處理方式，各地區的水會有口感上的差異。

水質的差異

目前瑞士共有二千五百多個供水廠，整體來說，山區和鄉村地區的水質是最上等，喝起來真的是甘甜無味。不過因為很多地方是硬水，水中可溶性鈣鎂化合物等礦物質的含量比較高，水看起來呈現灰灰的顏色，裝水的瓶子用久了會產生水漬或水垢，洗頭髮時也容易掉髮。

即使瑞士的水乾淨好喝，不少人還是習慣買瓶裝的礦泉水。為了減低環境汙染，政府鼓勵民眾多喝水龍頭的水，以達到環保及節約的效果。下次看到瑞士街頭的噴泉水，不妨大膽地品嚐看看吧（註1）。

[1] **辯別哪種是可以喝的水**

瑞士街頭有很多水池，如果非噴泉循環式的水源都可以生飲，能直接喝的水通常會標示 Eau potable。

國民飲料：RIVELLA

瑞士本土生產的汽水：瑞維拉（Rivella），幾乎是每個人從小喝到大，說它是國民飲料一點都不為過，平均銷售量僅次於世界知名品牌可口可樂。

一九五〇年，一位年輕律師羅伯特・巴爾特（Robert Barth）從哥哥手中買下用乳清製造啤酒的配方，隨後和蘇黎世聯邦理工學院的生物學家好友漢斯・舒斯理（Hans Süsli）加以改良，添加礦泉水和天然香料混合，研發出一款喝起來清爽的汽水，這就是維瑞拉。

在資金有限的情況下，初期在史塔法（Stäfa）找到一家舊的釀酒廠，向全國各地收購二手的機器，並於一九五二年成立公司。至於飲料名稱的靈感來源，是來自義大利語區的小鎮 Riva San Vitale，據說巴爾特先生來這裡渡假時受到啟發（rivelazione）。但因這個義大利單字唸起來太饒舌，就使用「瑞維拉」（Rivella）來命名。

原味紅色的瑞
維拉最受歡迎

這種新飲料推出後，馬上吸引瑞士奶製品協會的注意。因為在牛奶製造成起司的過程中，當起司凝固後會遺留大量的乳清，正好乳清是生產瑞維拉的基本原料，這樣一來就可以解決剩餘乳清的問題。於是雙方達成合作的共識，他在牛奶加工廠附近新蓋一間廠房，方便收集新鮮的乳清。

當瑞維拉正式上市後，雖然清淡的口感頗受好評，卻招來其他品牌的抵制，威脅零售商不得販賣這種飲料。在一九五五年的體操競技活動上，活動組織甚至還下令禁止店家銷售。沒想到越是受到打壓，反而越是得到民眾的踴躍支持，從此奠定瑞維拉在國內飲料界的龍頭地位。

以乳清製造的瑞維拉，喝起來帶著微微的甜味，淺嚐一口味蕾散發著蘋果汁的芬芳，酸甜的滋味恰到好處，跟我們的維大力汽水有點像。讓人很難想像這種飲料的主要成分居然是牛奶，佔了約三五％的比例，算是比較健康的汽水。

目前，瑞維拉推出多種不同的口味，紅色原味和藍色無糖兩種版本的歷史最悠久，同時也是最受人們歡迎，其他還包括綠茶、芒果和大豆等。雖然瑞維拉曾經企圖邁向國際化，但是不熟悉這品牌的美國人卻不買單，只有成功打進荷蘭市場。

不過沒關係，它在瑞士早就深植人心。民眾不論是上餐廳用餐，還是去超市買飲料，都會毫不思索地選瑞維拉。我們都開玩笑地說，愛喝瑞維拉的人儼然就是瑞士化的象徵。若是將來大家有機會造訪瑞士的話，不妨嘗試喝看看，保證你會愛上這款國民飲料！

可愛的動物變成桌上佳餚

世界各地的飲食習慣，都深受自然環境的影響，瑞士在這方面也不例外。自古以來，居住於阿爾卑斯山區的人們為了方便保存食物，發展出風乾火腿、起司等飲食方式，流傳到今日，普遍大眾的飲食習慣還是沒有太大的改變。不過除了這些食物之外，瑞士人還會吃哪些奇怪的食物呢？

貓肉和狗肉

在世人的刻板印象中，提到吃狗肉和貓肉，大家第一聯想到的就是中國人。但根據二〇一二年瑞士的報紙《Tages-Anzeiger》報導指出，某些鄉下地區依然有人會吃這些肉，尤其是在東北部的聖加侖、阿彭策爾州一帶。

自十九世紀以來，這些地區的農民生產一款名為「Mostbröckli」的醃燻火腿。在那個年代，由於牛的數量是牲畜裡面最多，因此這款火腿選用牛肉後背粗澀的部位來製造，於醃製的過程中加入蘋果酒，利用蘋果酒的酵素讓肉質軟化，還能同時抑制細菌的孳生。

除了以牛肉製造火腿之外，許多農民會添加狗肉來做成「Mostbröckli」，這項傳統一直延續到二十世紀末。雖然隨著人類飲食習慣的改變，使用狗肉的農民越來越少，然而殺狗、吃狗肉卻成為瑞士人一段無法抹滅的黑歷史。這款味道濃厚的煙燻火腿，因此而聲名大噪。

畢竟貓狗在當今的文明社會已經算是寵物，目前瑞士多數的民眾都反對吃狗肉，法律也明訂使用狗或貓肉製造成食物販售是違法的行為，然而只要不違反動物福利法規的情況，農民宰殺貓狗供自己食用卻不犯法。根據統計，瑞士每年大約有一～二萬隻家貓失蹤，動物保護協會的工作人員就懷疑過，這些失蹤的貓搞不好變成某些家庭桌上佳餚了。

各種口味的風乾火腿，是瑞士的傳統佳餚

阿彭策爾依然保存許多古老的傳統

兔肉

相較於美國人在復活節吃火雞，不少瑞士人在復活節則有吃兔肉的習俗。在許多歐洲國家，復活節兔子（Easter bunny）是復活節的代表性動物，因為牠們旺盛的繁殖能力，象徵著新生命的誕生。因此每年到了春天這段期間，在各超市會開始擺出兔子造型的巧克力、彩蛋或其他應景商品。

走到冷藏櫃的櫥窗，還能看見販售整隻長條形的兔肉，若不從外觀仔細看的話，淡粉色的兔肉乍看之下還有點像是雞胸肉。雖然瑞士人普遍覺得吃兔肉沒什麼，也不像羊肉有濃厚的騷味，但是我一想到兔子可愛的模樣變成桌上佳餚，就很難過得去心裡的關卡。

每年秋天的時候，超市會賣鹿肉的當季產品

復活節前後，超市會推出兔子造型的巧克力

鹿肉和野味

每年秋天是瑞士打獵的季節，這時候鹿肉和野味就成了應景的食物，不但有專門提供野味的餐廳，超市也會販售盒裝的鹿肉。其中，一道紅酒燉鹿肉（Rehpfeffer）是野味餐廳的熱門傳統料理。

這道菜先把肉調味過，放在烤盤煎到半熟，再用白蘭地或葡萄酒（grappa）等烈酒烹煮。最後的特殊祕方，就是在醬汁中加入巧克力熬煮到肉變嫩即可。至於鹿肉好不好吃呢？我個人是覺得吃過一次就好了，因為我無法克服小鹿斑比的模樣，在吃飯時浮現在我的腦海中。

6 節慶活動

瑞士許多節慶活動都是承襲古老的傳統，流傳到今日。儘管經過歲月的變遷，這些象徵文化和習俗的慶典，依然是代代相傳，原汁原味地保存下來，呈現出最道地風貌。

古代公會的招牌

燃燒吧！雪人

每年四月份的第三個周一，一群人在傍晚六點左右聚集於蘇黎世湖畔燃燒著雪人，這項流傳數百年的活動就是六鳴節（Sechseläuten）；代表著漫長的冬季終於結束，大家歡欣鼓舞地迎接春天的來臨。

中世紀的公會

中世紀神聖羅馬帝國時期，由於蘇黎世位居利馬河（Limmat）水路運輸的交通要塞，當時統治者便在林登霍夫（Lindenhof）的山丘設置關卡，對往來的船隻收取稅金。直到一二一八年，蘇黎世被帝國授予自由城市地位後，逐漸發展成一處豐富歷史及商業活動繁忙的城鎮。

一三三六年春天，蘇黎世議會在魯道夫·布倫（Rudolf Brun）主導下推翻貴族的統治成立公會（Zünfte），接任了第一任市長的職位，讓各行各業的專業人士能夠參與政治、經濟和軍事等決策的權力，並制定相關條例和工時等法規，確保有公平的競爭環境。

公會制度延續超過四百五十年之久，對蘇黎世經濟的繁榮扮演著功不可沒的角色（註1）。由於公會採取世襲制，即使兒子沒有繼承父親原本的行業，仍可留在祖傳的公會名單，參與城市的事務。萬一成員離世，公會也承擔起照顧遺孀和子女的責任。

六鳴節的由來

古代工匠的工作時間受日照長短影響，於是公會委員決定在日照短的冬天，工作到五點即可。到了春分的周一開始，由於白晝變長，便延後到六點收工，以大教堂六點的敲鐘為依據，這就是六鳴節的由來。因為象徵著春天的來臨，所以也有人稱為「春鳴節」。

為了慶祝春天的到來，各行業的公會成員身穿傳統服裝組成遊行隊伍，從班霍夫大道沿街來到湖邊的貝爾裕廣場（Bellevueplatz）。沿途中，有人舉著旗幟、有人捧著鮮花，不論大人小孩都沉浸在樂隊的演奏聲中，許多居民也會抽空前來共襄盛舉。

燒雪人的意義

這項慶典的重頭戲及高潮所在，便是廣場上燒雪人的時刻。這個被稱作柏格（Böögg）的雪人是冬天的象徵，原本意指「偽裝的蒙面人物」。起初只是小男孩在春分時，聚集於聖母大教堂（Fraumünster）附近的遊戲（註2）。他們將玩偶綁在馬車上，在街上拖行後再放火燒毀。自一九〇二年起，燒雪人才正式納入六鳴節的活動。

矗立在廣場上的大型雪人，使用棉花和羊毛填充而成，架在約十公尺高的木材堆頂端。嘴裡叼著菸斗、脖子上掛著領帶或圍巾、頭頂戴著帽子、手裡拿著掃帚，以上的配件皆是雪人的標準裝扮，外觀看起來其實挺可愛。當教堂六點鐘的鐘聲響起，就會準時點燃雪人底下的木材。

開始燃燒雪人後，代表公會的騎士們，在音樂的伴奏下騎馬環繞著燃燒的雪人，直到頭部的煙火爆炸為止。根據人們流傳的說法，燒雪人是預測當年天氣的一種方式，當火勢燃燒越快、爆炸的時間越短，代表那年夏天的天氣就越晴朗。

雪人的影響力

燃燒雪人來預測天氣似乎沒有科學根據，但是在二〇〇三年創造五分四十二秒的最快紀錄，當年的夏天便是熱浪來襲。姑且不論是巧合還是冥冥中註定，燒雪人對蘇黎世地區的民眾來說，絕對是一項不能錯過的傳統活動。每年到了四月份的春天，許多商家紛紛在櫥窗擺出雪人的裝飾，甚至還發行雪人的桌上遊戲 Böögg-Chlättere。玩家比賽看誰先抵達終點處的過程中，不但可以從遊戲了解到關於燒雪人的知識，還能藉由卡片認識各種公會人物，讓下一代承襲這項傳統。

六鳴節

- www.sechselaeuten.ch
- 時間：自 1952 年起，六鳴節的活動改為 4 月的第三個周一。前一天周日下午 2 點半會有 5 ～ 15 歲兒童遊行，周一下午 3 點則有 3 千多名公會成員、馬車和樂團的遊街，傍晚 6 點會在 Bellevueplatz 燃燒雪人。

[1] 蘇黎世公會

蘇黎世有好幾棟中世紀公會的房屋保存至今日，大部分改裝成餐廳對外開放。旅遊局也推出半天的德、法及英語導覽行程，帶領遊客造訪這些代表過往歷史的公會所在。

【Zunfthaus zur Waag】

這棟 5 層樓的藍色屋子興建於 1315 年，以正面窗戶的夏加爾（Chagall）彩繪畫作聞名，是蘇黎世舊城區裡最顯眼的樓房之一。廣受好評的餐點及環境，許多公司或民眾的婚宴聚會，經常都選擇在這裡舉辦。

- 網址：www.zunfthaus-zur-waag.ch
- 地址：Münsterhof 8,8001 Zürich
- 電話：+41（0）44 216 99 66

【La Rôtisserie】

這間房屋位於利馬河畔，目前改裝成旅館和餐廳，內部的裝飾結合典雅和現代的風格，透過窗戶能直接欣賞到對岸的教堂景觀。餐廳的招牌菜是自製煙燻鮭魚和商業午餐。

- 網址：https://storchen.ch/
- 地址：Weinplatz 2,8001 Zürich
- 電話：+41（0）44 227 27 27

【Zunfthaus zur Waag】

原本這是一間位於水面上的木屋，隸屬於聖母教堂的鑄幣廠。後來在 1348 年市議會下令改建，一樓作為市政廳使用，二樓則是貴族飲酒的交誼廳。房屋的名稱 Rüden 源自一種獵犬，它也成為公會的徽章圖樣，在房屋的外牆上仍然可以看到。

- 網址：www.haus-zum-rueden.ch
- 地址：Limmatquai 42,8001 Zürich
- 電話：+41（0）44 261 95 66

【Zunfthaus Zur Saffran】

這間房屋以前隸屬香料公會，最早的歷史可回朔到 1383 年，現今的樓房是 18 世紀初所改建，呈現那年代的建築風格。2 樓的公會大廳和白玫瑰廳堂，多年來都是舉辦宴會和各型會議的重要場所。

・ 網址：www.zunfthauszursaffran.ch
・ 地址：Limmatquai 54,8001 Zürich
・ 電話：+41（0）44 251 37 40

【Zunfthaus zur Schneidern】

這裡曾經是市長的故居，直到 1938 年被裁縫公會買下，包括生產布料、製造衣服、洗衣行業等等都屬於他們的成員，身穿大衣及藍白相間的格子條紋褲是最大的特色。目前除了公會大廳之外，還是 Blue Monkey 泰式餐廳的所在地。

・ 網址：www.bluemonkey.ch
・ 地址：Stüssihofstatt 3,8001 Zürich
・ 電話：+41（0）44 261 76 18

【Zunfthaus zur Zimmerleuten】

這間房屋以前是木匠公會，目前改裝成餐廳營業，裡面能容納超過百人的聚會。2 樓公會大廳的天花板和梁柱都保存著典雅的雕刻裝飾，透過窗櫺間能眺望利馬河。

・ 網址：zunfthaus-zimmerleuten.ch
・ 地址：Limmatquai 40,8001 Zürich
・ 電話：+41（0）44 250 53 63

[2] 兒童的遊行

自 1862 年起，六鳴節才開始有兒童的遊行活動，原本是在周一早上舉行，考慮到讓小孩有充分的休息時間，1921 年後便移到前一天的周日下午。

全民狂歡的嘉年華會

在我們的刻板印象中，嘉年華會不外乎是一場盛裝打扮，上街頭跳舞狂歡的慶典。然而事實上，這是源自於宗教性的節日，這樣說來不就是西方的廟會？

嘉年華的由來

嘉年華（Carnival）這個字的來源（註1），據說是從拉丁文 carne levare 演變而來，意思是「離開肉」。這是流傳已久的基督教節日，在《新約聖經》裡有一段魔鬼試探耶穌的故事，內容描述耶穌被困在荒郊野外，即使餓了四十天沒有東西吃，依然拒絕接受魔鬼的誘惑。

後來信徒們紀念耶穌，中世紀時在復活節的前四十天便進行齋戒，規定禁止飲酒、不能吃葷，表達懺悔和自我約束的寓意。因此人們在齋戒的前幾天，會舉行飲酒作樂的狂歡派對，最終演變成今日的嘉年華會。

關於嘉年華的另一種說法，就是迎接春天的來臨。歐洲的冬天長達好幾個月，在天氣凜冽、日照又短的漫長寒冬，人民的生活受到限制。所以在聖誕節過後到春天之間，藉機舉行嘉年華會狂歡的活動，稍微彌補民眾冬季無聊的心情，也有種驅趕黑暗（冬天）邁向光明（春天）的意思。

瑞士嘉年華

雖然在宗教改革期間，有些瑞士城鎮被迫放棄狂歡慶典，但是絲毫不影響今日的嘉年華盛況。目前嘉年華是復活節往前推算四十天，通常都是落在二月份左右（註2），無獨有偶跟華人新年的時間差不多，很多人安排年假出國旅行，就很容易遇上嘉年華。

通常聖誕節過後，瑞士各地就能逐漸嗅出嘉年華的味道。各大超市開始販售嘉年華餅乾，店家也擺出嘉年華的服飾，很多小孩還會要求父母親手做特殊造型的衣服。別看平時文靜內向的瑞士人，一到嘉年華會，他們似乎把拘謹的包袱都拋諸腦後。

魔鬼和怪物的造型，是嘉年華最熱門的裝扮

撒碎紙片能在嘉年華中增添繽紛的氛圍

巴賽爾、琉森和貝林佐那，是三處瑞士規模最大的嘉年華慶典。在凌晨四～五點天色還未亮時，精心裝扮的民眾們便湧上街頭，伴隨著各式各樣的樂團演奏聲中歡欣鼓舞。嘉年華會的最大特色，就是奇裝異服的打扮和銅管樂隊的遊行，通常以魔鬼和怪物的造型最普遍，還會融入一些時事的元素在內，像嘲諷政治人物、流行新聞等等，都是常見的主題。

為了增加活動的可看性，想參加遊行的民眾可以組織隊伍，報名加入嘉年華協會的會員。然後當天有專門的評審團成員，針對遊行隊伍的音樂表演和打扮進行評分。因此每一年的嘉年華，各地的團體都在規劃及設計上絞盡腦汁，就是要爭奪嘉年華的最高榮譽。

現今的嘉年華

在嘉年華期間，大家準備五彩繽紛的碎紙片到處撒，漫天紛飛的景象營造歡樂的氣氛，不論大人小孩都玩得不亦樂乎。在白天的遊行，算是嘉年華大型的正式活動。在遊行結束後，夜晚小型的狂歡派對才正式上場。在市區或酒吧，有許多提供喝酒跳舞的場地，不少年輕人都是玩到天亮才回家。

嘉年華會熱鬧繽紛的氛圍

1

瑞士德語區稱嘉年華為 Fasnacht，有禁食之夜的意思，至於法語區稱為 Carnaval、義語區為 Canevale。

2

嘉年華是復活節往前推算 40 天，許多活動是從周四開始，延續到下周的周三凌晨結束，所以每年舉辦的時間會有差異。以下是瑞士三大嘉年華的網址

- 巴賽爾嘉年華
  https://www.basel.com/de/basler-fasnacht
- 琉森嘉年華
  https://luzerner-fasnacht.ch/
- 貝林佐那嘉年華
  https://www.rabadan.ch/

聖尼古拉節

每年十二月六日的聖尼古拉節，是聖誕節前夕非常重要的節日。這天會有身穿紅色長袍的聖尼古拉出現，挨家挨戶地拜訪並發禮物給兒童們。但是千萬別搞混了，他們並不是聖誕老人喔！

聖尼古拉不是聖誕老人

很多人會把聖尼古拉（Samichlaus）和聖誕老人當成同一號人物。聖尼古拉是來自土耳其米拉城（Myra）的主教，在死後被冊封為聖人，民眾視他為航海的守護聖者和救苦濟貧的神祉，世界各地許多教堂便是以聖尼可拉來命名。世人為了紀念他，便訂十二月六日他逝世這天為聖尼可拉節，所以跟聖誕老人是完全攀不上關係。

聖尼可拉正式的裝扮，頭頂上是戴著法冠、手持主教的權杖，搭乘馬車或是驢車現身；通常在信奉新教的地區身穿鮮紅色長袍，有些地方則會穿紅白相間的色系。因為這兩位人物的名字接近、出現的日期都在十二月，然後臉上都蓄著白鬍鬚，服裝及打扮又相仿，有不少人將聖尼古拉誤認為是聖誕老人。

聖尼古拉節的活動

這天的傳統活動，義工們穿上紅色的主教長袍，提著裝滿禮物的麻布袋，打扮成聖尼古拉老人的模樣走上各城鎮的街頭。袋子裡面的禮物，則分裝成一包包小袋的糖果、花生、薑餅、橘子和巧克力等零食，沿街發送給兒童。不過在許多城市，聖尼古拉的裝扮逐漸演變成聖誕老人的模樣，失去了真正的原始面貌。

在部分鄉村地區，有些家庭會事先預約聖尼古拉老人的來訪。除了禮物之外，他隨身攜帶著一本「賞善罰惡的筆記本」，上面記載著過去一年來每位兒童的日常表現，來進行獎賞或告誡。當然，聖尼古拉不會知道小朋友的優缺點，這都是跟父母親事先套好的招數，以達到教育的效果。

聖尼古拉經常被誤認為是聖誕老人

聖尼古拉的助手 Schmutzli

聖尼古拉身邊有位看起來挺嚇人的助手，稱為「Schmutzli」（法語區稱 Père Fouettard），意指骯髒的人。他烏漆抹黑的臉並留著黑色長鬍，穿著一身咖啡色的長袍，陰森恐怖的外貌及邋遢的模樣，嚇壞了許多兒童。他跟聖尼古拉老人扮演著相反的角色，一個扮壞人的邪惡化身、另一位則是慈善和藹的象徵。

這號人物緣起於十六世紀的新教地區，當時父母親為了達到懲戒壞孩子的效果，而有這號人物的出現。因為他平常得在森林裡工作砍材，所以才會顯得骯髒。為了不讓小孩的心理產生陰影，近年來「Schmutzli」的裝扮已經改變許多，更不會有嚇兒童的行為。

牧羊人的周末

石砌的 Z 字形山路擠滿了羊群

每年春天被帶到山上吃草的牛羊，在夏天即將結束前，這些吃飽養肥的動物們，也差不多得準備下山回家。這個號稱是「牧羊人周末」（Schäferwochenende）的節慶，位於阿雷奇冰河區的貝爾阿普（Belalp）小鎮，在每年八月份的最後一個周末舉辦，目的是將夏季在山區吃草的羊群全部帶下山。

從少女峰延伸出來的阿雷奇冰河（Aletschgletscher），是由三條冰河所匯集而成；其寬八百公尺、二十三公里的長度為阿爾卑斯山脈最大的冰河，因而被列為世界自然遺產。除了從少女峰的山頂能觀賞到阿雷奇冰河之外，冰河的另一頭有幾處眺望冰河的村莊，能從不同的山頭將蜿蜒的冰河風光一覽無遺。

在活動開始前，牧人們會先在自家的羊身上，噴上不同顏色的記號，以免到時分辨不出來是誰家的羊。周

壯觀的阿雷奇冰河

瓦萊州的特產黑面羊也在其中

六早晨，由多位牧人分批的帶領下，數百隻黑面羊、山羊、黑脖羊沿著陡峭的 Z 字形山路，有紀律地依序排隊走下山，好像是一群經過專業訓練的隊伍。從遠處觀望，整條石砌的古老山路擠滿了羊群，浩浩蕩蕩的聲勢顯得非常壯觀。

大家千萬別以為這像逛街散步那般輕鬆自在，畢竟不是所有的羊兒會如此聽話乖乖地跟著走，尤其山路有寬有窄，途中當然也會發生罷工不想走，或是突然跑起來的羊，讓隊伍塞成一團的混亂情況。況且整趟走下來大約得九個小時，絕對是需要點體力的粗活。

抵達村莊之後，全部的羊群會先被趕進稱為 Färrich（a）的石砌圍牆內，然後牧羊人再依照不同顏色的噴漆，把羊分到周圍的小區等待主人領回家，整個活動才算正式結束。以上的過程稱為「Schafscheid」，是遵循數百年來的傳統儀式。為期二天的活動，牧人們開心地慶祝圓滿達成任務，最美麗的羊也會獲得獎賞，在頭上掛著花圈來裝飾，彷彿是贏得一場選美、選秀的競賽。

牧羊人的周末

- 網址：www.belalp.ch
- 交通：從 Brig 搭公車到 Blatten，再轉搭纜車至 Belalp。出纜車站後往右走約 20 分鐘有座教堂，便是活動開始的地點
- 時間：每年 8 月的最後一個周末
- 價位：免費

長相超萌的黑面羊

瑞士特有的黑面羊，源自於西南部的瓦萊州山區。由於牠們的臉如黑炭一樣黑，遠遠望過去幾乎看不出來五官在哪裡，暗黑的臉孔和白色毛髮形成強烈的對比，所以又被稱為為黑鼻羊。

文獻記載首次提到黑面羊是在十五世紀時，據說具有北義地區某種黑腳羊雜交的血統，然後在古羅馬時期就已經引進到瑞士境內。直到一九六二年，黑面羊才被正式認可為獨特的綿羊品種。由於瑞士境內目前總數不到二萬隻，因而被列為稀有的保護動物。

這種黑面羊的主要特徵，就是那張烏漆抹黑的臉，耳朵、膝蓋和腳踝處也是呈現黑色。牠們頭上和全身披著如玉米鬚的白色捲毛，簡直像是上美容院做過燙髮的造型，不但可愛還充滿時尚感。黑的地方黑，白的部分捲，搭配的恰到好處。

在策馬特地區健行，經常能和黑面羊偶遇

成年的黑面羊平均能長到七十～八十公分、八十～一百多公斤，體型算是相當壯碩，很適合生活在高山酷寒的環境。即使在陡峭的山坡地，牠們依然能夠行動自如，而且活動範圍固定，不太會自己亂跑。每年在六到十月期間，農夫會整群帶到山上吃草，冬季來臨前再帶回農舍裡。

黑面羊的經濟價值

黑面羊雖然外型可愛，但是對於傳統的農家而言，辛辛苦苦地把羊養肥，絕對不是只當賞玩的寵物，畢竟農民最在意的是牲畜所帶來的經濟效益。因此早期黑面羊能貢獻出來的價值，就在於那整身毛茸茸的羊毛和肥嫩的羊肉。

捲曲的羊毛大約長達十來公分，內層細密、外層粗糙的特點，在寒冷的山區有非常好的保暖效果。正常情況下，農夫幾個星期就會定期修剪羊毛，每隻成年的羊，一年羊毛產量大約高達三～四公斤。羊毛加工後能製作成坐墊、地毯或包包等，甚至還能當做床墊的填充材質。

因為長期在戶外活動，黑面羊身體脂肪的含量低，鮮嫩的肉質成為饕客的最愛，被視為上選的羊肉。除了調理成各式各樣的羊肉料理之外，還能製作成香腸或煙燻乾肉。也許將這麼可愛的羊宰殺來吃有點殘忍，不過說老實話，黑面羊肉的料理倒是真的很美味，而成為瓦萊州的風味特產。

黑面羊選美競賽

由於外型討喜和天生溫馴的個性，策馬特地區在推廣旅遊的宣傳上，經常使用黑面羊擔任觀光形象大使，並創造名為沃利（Wolli）的卡通造型；旅遊局還規劃相關的遊樂園、糕餅店設計黑面羊造型的餅乾，成功地從各方面置入性行銷。

不僅如此，每年還舉辦黑面羊的選美競賽（註1）。農夫在前一年就開始物色參加選美的羊隻，在悉心照顧整理下，隔年夏天才能亮麗登場。黑面羊選美按年齡分級，主辦單位評選的標準，依體重、毛髮、黑色斑點位置、跑步儀態等幾樣進行評分。拿下最高分的黑面羊，會掛上彩帶，榮登當年的瑞士冠軍。近年來飼養黑面羊的農家推出更多元的活動，在冬季的時候，雖然羊群都返回農場裡避冬，但是遊客可去農場參觀；夏季來到策馬特的山區健行時，藉由先進的追蹤器設備，能輕易地掌握羊群的位置，不用擔心無法和黑面羊偶遇。

黑面羊餐廳 & 農場

Julen 家族是策馬特專門養黑面羊的農場，他們同時經營旅館及 Schäferstube 餐廳，提供美味的羊肉料理，肉質鮮嫩又幾乎完全沒有羊騷味，因此非常熱門。

- 地址：Riedstrasse 2,3920 Zermatt
- 時間：每天 18:00 ～ 22:00（建議事先上網訂位）
- 網址：www.julen.ch

[1] 黑面羊的選美

策馬特和 Visp 小鎮都會舉辦黑面羊的選美比賽，Visp 小鎮的黑面羊小姐選美競賽（Schafausstellung），目前已經超過 30 屆，每年 2 月 8 ～ 12 號期間的周六日在 Mehrzweckhalle im Sand 進行，這活動僅限於雌性的黑面羊參加。至於公的黑面羊選美（Widdermarkt），是 3 月的第二個周六在 Sepp Blatter Schulhaus。

2022 年的日期為 2 月 12 ～ 13 和 3 月 12 日。相關資訊可以參考官網 http://www.sn-verband.ch/

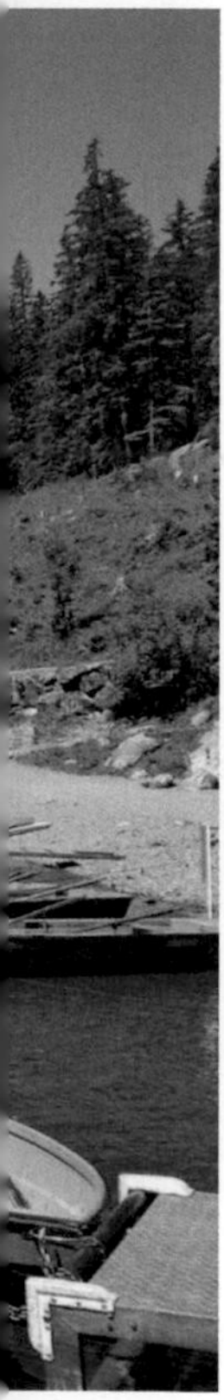

7

山居文化

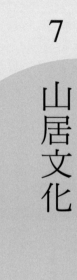

巍峨的阿爾卑斯山脈橫貫大半瑞士的國土，因此這國家擁有相當豐富的山區天然資源，數百年來許多生活模式都和山密不可分。著名卡通「海蒂」（Heidi）的故事場景，連綿起伏的山巒、蔥蔥鬱鬱的樹林就是典型瑞士山區的景色。

這樣得天獨厚的環境，各大山區到處都有興建登山纜車，養成人民從小就會跟著父母親去山林裡健行的習慣。融入和山林為居的生活模式，成為瑞士的一項傳統文化。

健行是生活的一部分

幾乎大多數的住家，窗戶一打開就能看到綿延不絕的山景。擁有這樣先天的自然環境，所以瑞士的健行步道非常完善。不管是自家後院的森林步道，還是山區的熱門旅遊景點，到處都是可以健行的路徑。每逢周末假日，許多家庭安排的休閒活動就是去健行。

瑞士人對於健行，稱得上非常講究。登山步道的標示牌很清楚，不但標示了路線的難易程度，還會顯示距離多少時間，讓大家衡量自己的能力是否可以完成。瑞士的健行步道，依照難度分為以下三種：

初級（整塊的黃色標示牌）—遠足路線（Hiking Trails）：初級的健行步道平坦寬敞，幾乎每個人都可以完成，但是途中還是有可能會遇到顛坡不平的路段。如果比較危險的地方，會有架設安全柵欄，基本上不需要特殊的裝備，穿著舒適的衣服及運動鞋就能前往。

中級（黃色標示牌，底端有白紅白箭頭指標）－登山健行路線（Mountain Hiking Trails）：登山路線的地形比較崎嶇，而且步道的坡度較為陡斜，路徑也比遠足路線狹窄。萬一遇到難走的地方，山壁旁會有固定的繩索或是鍊條可以抓著，對於身體狀況不佳或是膝蓋不好的人，就不建議在這種路線走太久。

高級（藍色標示牌，底端是白藍白箭頭指標）－阿爾卑斯高山路線（Alpine Hiking Trails）：這是瑞士最困難的健行步道，那些平常不運動的人，或是攜帶著老年人及小朋友同行的家庭，比較不適合走這樣的路線。高級路線的途中，可能會遇到積雪、路線不清楚、攀爬大岩石的情況，甚至得靠繩索或是冰爪等輔助工具，才能繼續前進，建議自認運動細胞不錯的人才來挑戰。

除了滿山遍野的登山路線之外，瑞士人對於登山配備也很講究，包括鞋子、衣服和登山杖等工具。記得剛來瑞士的時候，我每次總是穿著球鞋去健行，然而對於瑞士人來說，健行就是得穿登山鞋。因為登山鞋具有防水、防滑的特性，在山區行走會比較安全，二來專業的登山鞋走起來會更舒適。

每逢例假日，健行是最普遍的戶外活動

黃色標示牌後方有紅白箭頭，是中級的山區健行路線

關於瑞士的健行文化可說是非常普及，即使體力不好的人都能從初級的步道開始嘗試。不論是壯麗的雪山還是映在湖面的倒影，絕美的風景都令人如痴如醉。下次造訪瑞士的話，大家不妨選幾條路線走一趟，體驗瑞士人放假時最夯的休閒活動，各種風情的山巒景觀保證會讓你驚豔。

山謠節的遊行活動

阿爾卑斯山謠

流傳數千年的阿爾卑斯山謠，是古代人們在山區交流的管道，盛行於瑞士、德國、波蘭和奧地利等地。這種大自然間最原始的溝通模式，只有高低音之間抑揚頓挫的曲調，有時候不代表任何意義的詞彙，純粹就是用聲音的變化來表達，旋律和曲風也因地域不同而異。

山謠的由來

關於山謠（Yodeling）的由來，可以追溯到史前的石器時代。在早期沒有通訊系統的環境下，牧人利用喊叫的方式在空曠山區傳遞訊息，得靠丹田渾厚的力量才能發出宏亮的聲音。後來阿爾卑斯山號角（Alphorn）的發明，除了呼喚牛群的功能之外，也日漸取代人類以呼喊來交流。

直到十八世紀末，受到啟蒙運動的影響下，人們對於知識和現代資訊的追求有突破性的轉變，開始檢視過往的文化習俗，山謠的價值逐漸受到各方重視，民間合唱團也在這時期因應而生。

有別於歐洲其他國家的皇室制度，因為瑞士缺乏宮廷樂隊、歌劇或演奏家這些強大的音樂背景，合唱的型態順勢流傳到民間所有階層，瑞士民眾才開始將山謠有系統地編輯成歌曲，並於一九二〇年在伯恩成立「山謠協會」（The Swiss Yodeling Association），將阿爾卑斯山區古老的文化發揚光大。

延續到今日，大約創作出二千多首山謠歌曲，絕大部分以德文為主，少數則是用法文來呈現。唱山謠通常是多人一起合聲，有點像音樂課發聲暖嗓的那種感覺，現在還會有手風琴或吉他等簡單的樂器伴奏，聽起來相當輕鬆愉快。至於歌曲的內容，主要是描述跟瑞士息息相關的高山、自然、家庭及自由獨立等，簡單來說就是民歌。

阿爾卑斯山謠節

在瑞士山謠協會的努力推廣下，這些歌曲已經變成一種代表國家傳統藝術的象徵，甚至還有練習的課程供民眾參與。自一九二四年起，瑞士每三年會舉辦一次的阿爾卑斯山謠節（Jodlerfest），是國內規模最大的慶典之一。除了山謠歌曲的演出之外，還有阿爾卑斯號角演奏及甩旗（Flag throwing）的表演，呈現出瑞士文化的精髓。

能在山謠節演出的隊伍，可不是隨便報名就能參加，皆是經過評比脫穎而出的優勝者，因此大家的實力都不容小覷。來自各地區的遊行隊伍紛紛前來共襄盛舉，不論是大人小孩都身穿傳統的服飾現身，每個人無不精心打扮。將來計畫造訪瑞士的人，不妨安排下一屆的山謠節，體驗這場有意義的活動。

阿爾卑斯山謠節 Jodlerfest

- 時間：詳細資訊請見官網
- 地點：Basel
- 網址：www.jodlerfestbasel.ch
- 附註：第 31 屆的阿爾卑斯山謠節原本是在 2020 年舉辦，因為疫情的關係而延後一年。

甩國旗的傳統技藝

國旗為國家的表徵，每當民眾看見自家的國旗，內心除了滿滿的感動，還會流露出萬分的敬意。不過瑞士人居然有拿國旗來當雜耍表演的傳統文化，這可是一項流傳已久的特殊技藝。

紅底白十字的瑞士國旗

瑞士國旗擁有鮮豔的紅色和簡潔的白十字標誌，相當容易辨識。一二九一年，中部三個州簽訂盟約的時候，白色十字的旗子就代表著聯邦標誌。在中世紀的戰爭，瑞士軍隊的紅色旗幟和士兵的戰袍都會縫上白色十字符號。雖然歷年來曾經修改過比例和樣式，但是自一八四八年起政府就確認國旗的圖樣。

瑞士的國旗是正方形，除非像在奧運會或海軍艦隊的特殊情況，為了跟其他國家的國旗統一規格，才會出

看似容易的甩國旗技藝，
其實難度相當高

紅底白十字的瑞士國旗

現長方形。紅色象徵著愛國的熱情和幸福，至於白色十字則是和平及公正，整面國旗的設計理念，呈現保持中立立場的訴求。國際紅十字會的標誌，便是以瑞士國旗為基礎所衍生。

甩旗的由來

甩旗最早源起於中世紀的歐洲，是閱兵或作戰時指揮軍事的信號，旗幟上的徽章代表著貴族、教皇或軍隊。根據操縱者旋轉和擺動旗子的方式，讓遠處的士兵看見後能跟隨指令而行動。久而久之，揮舞旗幟逐漸發展成一項民間的休閒運動，主要在節慶的時候才會出現，當時只有位高權重的商人公會才有甩旗資格。

後來，在其他國家服役的瑞士傭兵，將這項活動帶回國內發揚光大。自一九一〇年起，甩旗被《瑞士山謠協會》納入傳統的技藝，還制定相關的規則。如今，旗桿從最早的木頭進化到碳纖維材質，使用上更輕巧靈活；國旗的製造也採用絲綢，長寬皆為一百二十公分才合乎標準。

看似簡單，其實暗藏玄機

我們外行人看甩旗的時候，感覺就是一派輕鬆自在的模樣。實際上，他們並不是像啦啦隊表演，隨興左右揮舞將國旗往空中拋，然後接得住棍子就好。因為包括身體的擺動、腿部的姿勢、丟擲方式都得講究，光是拋旗子的動作就接近一百種。

每三年一度的山謠節，便是甩旗競賽的重要慶典。參加的旗手得身穿傳統服飾，通常會搭配阿爾卑斯山號角的伴奏來進行。表演的長度大約是三分鐘，由四人組成的裁判陪審團來評分。雖然丟擲旗子的時機不需要搭配音樂的節拍，但是在傳統歌謠的陪襯下，更能凸顯出熱鬧的氛圍。

絕美的阿爾卑斯山路

雖然瑞士的火車翻山越嶺，但是有些路段的景色只有開車才能欣賞到，尤其很多山路以險峻或浩瀚的美景聞名，吸引許多人特地開車去一睹風采。

以下是熱門的瑞士山路：

特雷莫拉山路

這條盤踞於瑞士阿爾卑斯山區的特雷莫拉山路（Tremola），原本是條塵土飛揚的馬車路徑。後來在一八二七～一八三二年間，由提契諾州的知名建築師：法蘭切斯可．莫斯奇尼（Francesco Moschini）建造新路，來聯繫瑞士德語區勾旭嫩（Göschenen）到義大利語區艾羅洛（Airolo）兩個村莊之間的交通。

這條寬度約六～七公尺的山路，採用質地堅硬的花崗岩塊嵌入地面，成為一條古色古香的石板路。特雷莫拉山路因在四公里內得從海拔一一七五攀升到二一〇六

連續 24 個髮夾彎的特雷莫拉山路

公尺的高度，於是設計連續二十四個險象環生的髮夾彎。在早期葛達隧道（Gotthard Tunnel）落成之前，這條山路就是往來瑞士南北的重要通道。

如今雖然已經修建了新的道路，但這條古道依然是許多觀光客的最愛，每年五月底到十月底之間，開車經由葛達隘口（Gotthard Pass）便有機會一睹它的面貌。尤其是暑假或連續假期，葛達隧道入口經常會堵了好幾公里的長長車龍，許多居民會繞道山路避免塞車，還能同時飽覽美景。

舒施騰隘口

海拔最高處二二六〇公尺的舒施騰隘口（Susten Pass），為貫穿瑞士中部山區的一條著名山路，起於瓦森（Wassen）到茵納基輿（Innertkirchen）這兩村莊之間，是聯繫烏里州（Uri）往返伯恩高地的捷徑。

在十七世紀時，這裡僅有供驢子或馬車通行的路徑。後來拿破崙的軍隊評估它具有戰略性的價值，於是開始著手修建山路。二次大戰一九三八～一九四五年間，瑞士政府在鞏固國防的考量下，有系統地進行全面整修，直到一九四六年才正式開放給公眾的私家車行駛。

由於氣候的緣故，目前每年在積雪未清理之前，只有六月中～十月期間允許車輛通行。這條約四十六公里長的山路開放期間僅有四個月，然而每年夏季都吸引許多人前來朝聖。沿著峭壁蜿蜒的公路寬敞舒適，沿途能欣賞到雪白壯闊的山景，而成為許多自行車和重機騎士的最愛。

伯連納隘口

位於瑞士東部的伯連納隘口（Bernina Pass）長達五十九公里，海拔最高處為二三二八公尺，不但是汽機車能通行的山路，同時也是知名的伯連納景觀列車（Bernina Express）行駛的路線。從莎曼登（Samedan）一直到接近瑞義邊境的波斯奇阿佛（Poschiavo），這條山路的歷史悠久，在中世紀就已是阿爾卑斯山區重要的貿易路線。

跟其他山路不同，伯連納隘口終年開放汽車通行，即使沿途有多處驚險的髮夾彎，寬敞舒適的車道兩旁無與倫比的山景，依然被認為是最美的高山公路之一。每年夏季末，這裡還會舉辦經典老車的賽車競賽，吸引喜愛古董車的人士前來共襄盛舉（相關網址 www.bernina-granturismo.com ）。

福卡隘口

聯繫葛雷興（Gletsch）和瑞阿普（Realp）這兩個村莊的福卡隘口（Furka Pass），是瑞士兩條主要河流隆河和羅伊斯河（Reuss）的分水嶺。在一九六四年上映的 007 系列電影「金手指」（Goldfinger），曾經在此拍攝汽車追逐的場景，優美的風景因此聲名大噪，成為瑞士熱門的一條山路。尤其公路最高處達二四二九公尺，吸引許多喜愛高山駕駛的遊客前來朝聖。

這條山路沿途中的 Bélvèdere 飯店，雖然已經不再營業，但是可以從這裡欣賞到隆河冰河（Rhône Glacier）的景觀。很可惜的是，近年來氣候暖化的影響，原本壯麗的冰河已經逐漸地消失殆盡。不過從冰河底下開鑿的冰穴（Eisgrotte），晶瑩剔透的冰層呈現美妙的淡藍色，彷彿是一條夢幻的水晶隧道，非常值得造訪。

葛林姆瑟隘口

橫貫瑞士中部伯恩高地的葛林姆瑟隘口（Grimsel Pass），最高處有二一六四公尺，是一條自中古世紀就已經存在的山路，曾經是聯繫阿爾卑斯山南北麓的重要貿易路線。

在尚未積雪的六～十月之間，每天有數班郵政巴士從梅林根（Meiringen）發車開往歐伯瓦德（Oberwald）兩地，便會行經這條山路，即使不開車的人也能欣賞到絕佳的美景。從隘口的高處，還能清楚地看見沿著山谷蜿蜒曲折的福卡山路，擁有震撼動人的景觀。

尤利爾隘口

尤利爾隘口（Julier Pass）這條歷史悠久的山路海拔最高處達二二八四公尺，自古羅馬時代就已經存在，沿途依然能看到羅馬神廟和馬車通道的遺跡。目前的路線是一八二〇年代所修建，聯繫東部庫爾（Chur）到恩加丁（Engadin）谷地席瓦普拉娜（Silvaplana）的交通，是羅曼語區著名的高山公路。

冬天行駛在尤利爾隘口，能欣賞到震撼的雪景

恩加丁谷地的席瓦普拉娜（Silvaplana）

即使是高海拔的山路，但是五公尺的寬度相當容易行駛，在冬天積雪的月份也開放通行，整片如雪白沙漠的景觀非常震撼。由於冬天容易積雪，需要換成冬胎或是雪鏈才能上路。

隆河冰穴

- 網址：http://www.gletscher.ch/eisgrotte/
- 交通：從 Hotel Bélvèdere 步行到入口處約 5 分鐘
- 時間：每年 6 月初到 10 月中
- 價位：成人 9 瑞郎、5 ～ 16 歲 6 瑞郎、5 歲以下免費
- 附註：冰洞內的溫度比較低，建議帶件外套，參觀時間約 30 分鐘

許多瑞士小孩從3歲左右就會開始學滑雪

風靡全國的滑雪運動

阿爾卑斯山脈盤踞著瑞士六〇％的國土，境內擁有四十八座超過四千公尺的高山。細數山區積著厚雪的月份，更是從冬季延續到春天。長達將近半年的雪季，如果不上山去滑雪，在這漫漫寒冬真的不知道能幹什麼。

從小培養滑雪技能

瑞士人對於滑雪，是從小就開始培養的基本技能，土生土長的居民若是不懂如何滑雪，可能會被視為少數的異類吧！許多小孩在三歲左右，就跟著父母或教練學習，各大滑雪場不但規劃兒童專屬練習區，並針對幼兒開班授課。這年紀跟著同儕一起學滑雪，保證幾天內技巧就突飛猛進。

到了國小階段，學校會安排一個星期的滑雪營，全班帶著去山上滑雪。打著「三天內學會滑雪」的口號，所以幾乎瑞士人都必備滑雪的能力，只是滑得好壞的差別而已。每年的二月份，還有所謂二星期的滑雪運動假，學生便有機會去山區練習。

對於滑雪有興趣或技術好、極有天分的小孩，可以加入俱樂部進行更專業的培訓，甚至參加比賽。這樣一系列有規劃地栽培，讓瑞士人從小滑到老，只要一到冬天便對滑雪這項運動樂此不彼。在全民皆滑雪風潮的環境下成長，難怪多數人對滑雪會如此癡迷。

便利性的設施

瑞士每個語區皆有滑雪場，雪道品質、安全控管、住宿環境等各方面，整體的氛圍都很好。最重要的一點，即使不開車的人，搭乘火車或纜車就能輕鬆抵達山區景點，完善的交通設施是吸引人們喜歡滑雪的另一項誘因。因此除了瑞士本地居民，每年還有許多外國遊客前來朝聖。

在多數滑雪度假區，設計超便利的滑雪進出旅館（ski-in and ski-out hotel）。

也就是說穿好滑雪裝備後，從旅館一出門便能搭乘纜車上山，然後沿路滑下山直接滑回旅館，能節省許多寶貴時間。許多飯店並結合溫泉水療、三溫暖等設施，讓滑雪整天的人們能夠徹底放鬆。

瑞士規模最大的滑雪場

位於瑞士西南部的韋爾比耶（Verbier），每年滑雪季從十二月到隔年的四月，四一二公里長的雪道能通往周邊四座山谷（4 Vallées），是國內規模最大的滑雪度假區（註1）。精緻的小木屋和優質的滑雪環境，吸引當地民眾和各國人士前來造訪，包括知名歌手瑪丹娜、球星貝克漢等人，都是這裡的滑雪常客。

至於排名第二的是策馬特地區，雪道長達三二二公里。海拔一六二〇公尺高的策馬特，因為提倡環保而禁止外來的車輛進入，整座村莊裡只有電動車、馬車和纜車運行，周邊被多座超過四千公尺高的山嶽所環繞，成為名副其實的山中桃花源。幾乎所有雪道都能眺望馬特洪峰（Matterhorn）的美景，奠定其熱門滑雪勝地的地位。

韋爾比耶（Verbier）是極限滑雪的熱門地點

滑雪的附加活動 Après-ski

經過白天在山上整天的滑雪，跟三五好友相約去酒吧小酌一杯的 Après-ski，是滑雪之後大家最期待的歡樂時光，儼然是不可或缺的重要社交活動。不要以為這樣的娛樂要等到入夜才開始，因為山區的天氣寒冷，很多人白天滑到半山腰就開喝了。

尤其是野格炸彈（Jägerbomb）、伏特加怪獸（Vodka Monster）以及菲奈特．布蘭卡（Fernet Branca）（註2）這幾款，是瑞士滑雪區最熱門的調酒。將喝酒和滑雪的文化結合，成為阿爾卑斯山區冬天生活的一部分。有機會在冬天拜訪瑞士，不妨體驗一下雪地的運動，但是一定得衡量自己的酒量，才不至於發生意外。

策馬特有各種等級的滑道，還能欣賞馬特洪峰的美景

[1] 瑞士雪道的分級

瑞士的雪道分為初中級的藍線、中高級的紅線和專業級的黑線，每處滑雪場都會清楚地分級標示。

2

- 野格炸彈 Jägerbomb
  將野格利口酒（Jägermeister）加入冰過的能量飲料紅牛（Red Bull）內，這款酒的後勁強，酒力不好的人請勿隨意嘗試。
- 伏特加怪獸 Vodka Monster
  冰凍的伏特加混合魔爪能量飲料（Monster Energy），然後上面再加一顆櫻桃。
- 菲奈特・布蘭卡 Fernet Branca
  義大利聞名的比特酒（Bitters），以阿爾卑斯山區的天然草藥為原料，浸泡在葡萄酒和白蘭地後蒸餾而成，喝起來的口感非常苦，具有醒酒和健胃的療效。

與野生動物共存的環境

長久以來，瑞士政府和保育團體致力於自然環境的維護，設立好幾處國家公園，不論是鄉村原野，還是山林裡都非常適合動物生存，人們經常有機會和野生動物不期而遇。最常見的動物，從小型的土撥鼠、刺蝟、野兔和狐狸，到比較大型的紅鹿、山豬、羱羊，甚至在東部的國家公園內還曾經出現山貓和熊的蹤跡。

大家千萬不要認為，非得深入杳無人煙的山區才能看見這些動物。有時候因為氣候的變遷及覓食等因素，讓原本居住在山裡頭的動物跑到平地來，誤闖民宅的例子屢見不鮮。尤其在入夜後，在公路旁或是自家的花園裡出現這些意外的訪客，真的是讓人覺得很驚奇。以下便是幾種在瑞士常見的野生動物。

狐狸

狐狸（Fox）在瑞士算是很普遍的野生動物，出現的時間基本上都在天黑之後，牠們的活動範圍並不侷限於隱蔽的深山。瑞士城市周邊遍布綠地和樹林，尋找食物的狐狸經常會大搖大擺地闖入市區。曾經有朋友在院子裡養雞，結果狐狸在半夜破壞圍籬前來獵食，隔天早上雞舍裡屍骨無存，只剩下一些血跡和殘留的羽毛。

我自己就曾經在早晨準備遛狗之際，看見巷子的另一頭有隻「狼犬」大搖大擺地朝我走過來。心裡正在納悶怎麼會有狗在街上閒晃，再仔細看那尾巴的形狀，才驚覺原來是隻狐狸啊！不過遇到狐狸並不用擔心，其實牠們都很膽小，看到人類馬上拔腿就跑了。

阿爾卑斯山羊

阿爾卑斯山羊（Alpine Ibex）又稱為羱羊，出沒在瑞士、法國、義大利和奧地利等山區。這種灰棕色的山羊頗為溫馴，最大的特徵就是頭上大型彎曲的角，尤其雄性山羊的角更為粗厚。因為羊角每年會不斷地生長，從紋路就能判斷出這頭羊的約略年齡。

阿爾卑斯山羊能在陡峭的山壁上行動自如

在阿爾卑斯山區有許多土撥鼠

數百年前，當時人們為了獲取羊肉，民間並流傳著羊角能改善陽痿、羊血能治療腎結石等藥用的療效，山羊曾經被獵人大量地捕殺。到了十七世紀時，阿爾卑斯山區山羊幾乎瀕臨滅絕的情況。後來歐洲各國立法將山羊列為保育類動物，並設置了專屬的國家公園，數量才逐漸地恢復。目前瑞士境內野生的山羊大約有一萬七千隻左右。

通常阿爾卑斯山羊生活的範圍，在海拔二千～四千六百公尺林木稀少的裸岩山區，到冬季才會往比較低的地區移動，以方便覓食。由於這種山羊腳底的蹄部呈現分叉又尖銳的構造，擁有絕佳的抓地力，它們在攀岩險峻的峭壁時，都一派輕鬆自如的模樣。因此有時能看見這種山羊出現在幾乎垂直的岩壁上，舔著青苔和攝取鹽分。

紅鹿

紅鹿（Red deer）是瑞士山區很普遍的野生動物，估計目前有三萬五千頭左右。主要出沒於隱蔽性高的森林裡面，在瑞士的山區健行或是登山纜車上，有時候可以看見牠們的蹤影。尤其是下雪過後，山區的雪地裡很容易看見鹿的腳印。

我第一次和野鹿不期而遇，是從卡兒達達（Cardada）健行往翡薩斯卡山谷（Valle Verzasca）的途中。猶記當時隱約聽到地面的枯葉窸窣作響，起初我腦海裡閃過的念頭就是遇到蛇了，後來定下心來仔細一瞧，才發現不遠處有一隻紅鹿和小鹿抬頭四處張望著，可愛的模樣實在是意外的驚喜。

雖然山區有不少野鹿，但是一到秋季打獵的季節，瑞士某些開放打獵的地區，持有許可證的獵人能合法射殺野鹿，不少餐廳也會提供鹿肉的野味。狩獵不但是傳統，更是為了控制野生環境，否則鹿的數量太多，會導致大自然的生態失衡。

熊

瑞士的野外居然有熊（Bear）？大家其實不用太緊張，目前一般觀光客出沒的地方，看到熊的機會是微乎其微。自二〇〇五年以來，曾經監測到八隻熊跨越邊境來到瑞士，它們主要活動的範圍，在瑞士東部的國家公園及瑞義邊境到瑞士中部的山區。

在二〇一三年，瑞士東部的村莊曾出現一頭野生棕熊，甚至還大搖大擺地在街道出沒，光天化日之下闖入住宅區覓食，對人類構成極大的威脅。原先，地方政府曾經多次嘗試將牠嚇跑，但是都徒勞無功。後來為了居民的安全著想，所以才不得已將牠射殺。

狼

在十九世紀末期，因為獵人濫殺的緣故，當時瑞士的狼（Wolf）幾乎是快滅絕了。但是近年來，狼群從法國、義大利北部遷徙到瑞士境內定居後，在法令的保護下數量明顯地增加。根據統計，目前整個瑞士大約有七十～八十頭野生的狼，牠們主要活動範圍在東南部的格勞賓登州、義大利語區的提契諾州及瓦萊州一帶，其他州山區也有出現狼群的蹤跡。

雖然狼不像狐狸這麼常見，但是由於下雪或天氣等因素，有時候狼會跑到山谷中尋找食物，而闖入人們的農場攻擊綿羊及其他的動物，甚至在二〇二〇年還發生過狼被火車撞死的意外。因此，動物保育團體也積極地努力，想辦法讓這類野生動物和人類並存的衝突最小化。

關於瑞士的打獵

數百年前的瑞士，打獵幾乎是人人都懂的基本技能，尤其在東部的格勞賓登州（Graubünden），自一五二六年以來狩獵就是法律認可的行為。直到一八七七年，聯邦政府制定詳細的規範，年滿十八歲的成年人必須要通過二年的培訓課程，包括學習生態環境、動物足跡辨識、槍枝使用、處理獵物等相關知識，通過考試之後才能拿到執照，成為一名合格的狩獵者。

目前，瑞士有十六個州可以合法打獵，獵人們每年得繳交費用申請許可證後，才能在九～十月的秋季期間上山打獵，其中狍子、紅鹿和山羊是最常見的獵物。在獲取獵物之後，獵人得先清理內臟，再轉賣到野味餐廳或肉舖。

8

經典象徵

每個國家都有代表性的產品或動物，當人們一見到這些東西的時候，就能馬上聯想到是該地方的特色。究竟有什麼東西是瑞士的象徵呢？

精準的時間：國鐵鐘

瑞士各大火車站，不論是火車月台或站門前，隨處都可看見懸掛的白色大鐘，這就是國鐵鐘（Mondaine），簡單時尚的設計成為瑞士的象徵。

國鐵鐘的由來，是一九四四年由瑞士工程師漢斯・希爾菲克（Hans Hilfiker）設計的作品。他的靈感源自於德國現代主義的包浩斯（Bauhaus）風格，以簡潔清晰的基礎線條為主軸，卻又不失獨特的創意感，經常是帶點工業風的元素在裡面。這種簡約精準的概念，完全凸顯出瑞士鐵道「守時是鐵路商標」的基本訴求。

他採用純白底色的鐘面，時針、分針都以對比的黑色，秒針則是醒目的鮮紅色圓頭指針，整體看起來既清楚又容易辨識。關於紅色秒針的構思，是受到月台站務人員揮舞紅色棒子的啟發，當他們吹哨揮棒下達指令後，火車才能準備發車；至於環繞於時鐘圓周的黑色刻度，一格格的模樣呈現出火車軌道的感覺。這樣的作品放在各大火車站，毫無違和感。

58秒定格的概念

火車班次要準時，全國車站的時間就得一致，為了解決這個棘手的問題，漢斯・希爾菲克便得想出解決辦法。於是他在蘇黎世主時鐘設置信號盒，透過電話線發出訊號，讓各地的大鐘每分鐘接收一個時間脈衝來校時。然而以當時的技術，傳遞到瑞士各車站需要花1.5～2秒的時間。

後來，漢斯・希爾菲克將秒針設計成58秒走完一圈，然後在準點處停頓2秒。利用這2秒的緩衝，讓所有車站的時鐘能夠同步對時，便可以精準地開始下一分鐘。這種等分機制的設計，會讓秒針走的速度比平常稍微快一些，成為數十年來瑞士各大車站時鐘的獨特現象。

風靡世界的品牌 Mondaine

在一九八六年，瑞士知名鐘錶製造商：伯海姆（Bernheim）兄弟，計畫推出新款的腕錶，他們聯想到各車站的時鐘早就深植人心，尤其簡單清晰的樣式戴在手上應該會廣受好評。所以便聯繫瑞士聯邦鐵路局，取得專利發行的授權，女款系列的腕錶隨後在一九八八年上市，成為鐘錶界最經典的款式之一。

國鐵鐘的魅力，不僅在於瑞士本國境內，其他城市包括愛丁堡、墨西哥城及劍橋都能看到它的蹤影，甚至還在紐約現代藝術博物館（The Museum of Modern Art）和倫敦設計博物館（Design Museum）展出。蘋果手機的時鐘圖樣，也是依照國鐵鐘的樣式為藍圖，由此可見它的影響力。

每天陪伴著熙攘往來旅客的國鐵鐘，讓搭車的旅客能精確地掌握時間，並結合流行時尚融入民眾的日常生活，成為瑞士獨樹一幟的象徵。因此國鐵鐘早已經被列為文化遺產，作為瑞士的特色。

各大火車站的月台上都會懸掛國鐵鐘

蘇黎世中央火車站的國鐵鐘，醒目的標誌成為民眾約見面的地點

【實用資訊】

瑞士各大火車站都有賣 Mondaine 國鐵鐘及手錶，少數紀念品店也會販售，25 公分大小的掛鐘 199 瑞郎、停留 2 秒機制的掛鐘為 299 瑞郎。

瑞士國犬：聖伯納

外型憨厚的聖伯納（St. Bernard），又被稱為阿爾卑斯山犬，由於其溫馴可愛的外型深受大家的喜愛，而被視為瑞士的國犬。這款生長在阿爾卑斯山區的大型犬，體重大約介於五十～八十五公斤，身高平均在七十～九十公分，毛皮以白色為底色，夾雜著棕色的花紋。

關於聖伯納犬，最早出現在義大利籍畫家薩瓦多・羅沙（Salvator Rosa）於一六九〇年的畫作中；至於首篇文字的歷史記載，可以追溯回一七〇七年的一份備忘錄文獻，描述了當時瑞義邊境的聖伯納修道院（Hospice du Grand-Saint-Bernard）曾經餵養過這品種的狗。

這座修道院位於海拔二四六九公尺高的大聖伯納隘口（Great St Bernard Pass），在古代是一條著名朝聖之路的途徑，因此修道院也扮演著招待所的功能，接待往來的旅行者和朝聖人士。然而因為山區惡劣的天氣，要徒步穿越山路是非常艱鉅的任務，許多人會遭遇雪崩或迷路而喪命。

原本，修道院養狗是作為臨終關懷和看門使用，後來發現體型壯碩的聖伯納犬經過專門訓練後，可以憑著靈敏的嗅覺，穿越深厚的積雪去追蹤人類的氣味，於是才開始擔任起山區的救援任務，成為阿爾卑斯山區的救難犬，拯救不少登山人士。

其中，最有名氣的聖伯納犬便是一隻名為巴利（Barry）的狗，牠在一八〇〇～一八一二年間曾經救過了四十多人的生命。為了保護這款瑞士傳統的犬種，二〇〇五年四月在馬蒂尼（Martigny）成立了培育中心，並取名為「巴利基金會」（Barry Foundation），則是負責在原生地繁育聖伯納犬的工作，目的在於延續瑞士重要的文化資產。

如今，「巴利基金會」以博物館的型態對外開放，除了展示許多關於聖伯納犬的圖片和資料，一樓還規劃成培育狗的犬舍，每年大約有二十隻左右的新生犬提供民眾購買認養。如果無法帶回家養的人也不用難過，這裡還提供和狗一起健行的活動，讓大家有機會親近最受歡迎的聖伯納犬。

聖伯納犬的外型憨厚可愛，個性又溫馴，因此大家非常喜歡

巴利基金會博物館 Barry Foundation

- 網址：https://fondation-barry.ch/
- 地址：Rue du Levant 34,1920 Martigny
- 交通：搭乘火車到 Martigny 後，轉搭往 Martigny-Croix 方向的公車在 Fondation Pierre Gianadda 站下車，公車車程約 8 分鐘
- 時間：全年開放 9:00 ～ 16:00（12 月 24、25 日休）
- 價位：成人 12 CHF、8 ～ 16 歲 &24 歲以下學生 7 CHF、60 歲以上 10CHF

生長在阿爾卑斯山區的聖伯納犬，
屬於體型較大的大型犬

小常識

在許多明信片或廣告宣傳單上，經常能看到聖伯納犬的脖子上掛著小酒桶、披著瑞士國旗圖樣的救生小包。許多人流傳這小酒桶裡面裝了烈酒，當狗在嚴寒山區搜救到受困者的時候，便能讓人喝口酒暖身。其實這是完全錯誤的說法。

根據動物考古學者證實，當時養在修道院內的聖伯納犬，沒有掛著小酒桶。最早發現的小酒桶根本無法打開，所以裡面不可能裝酒。其次，喝酒會使血管擴張、加速身體的熱能揮發，對於已經在山區受凍失溫的人是適得其反。如果聖伯納犬還攜帶著酒去救援，那是去殺人而不是救人啊！

因此我們猜測，小酒桶是近年來的商人為了商機，將狗的脖子掛上小酒桶做裝飾，看起來比較可愛。如今不管是真的聖伯納犬還是布偶，脖子掛著小酒桶儼然成了標準的裝備。

響徹山林的牛鈴聲

夏季瑞士的鄉村，經常能遇見低頭吃草的乳牛。每當牛隻移動時，脖子上掛著牛鈴所發出的鈴聲，叮叮噹噹地迴盪在山谷田野間，為自然景觀增添生動的配樂。牛鈴不但是農村常見的物件，還被設計成琳瑯滿目的紀念品，廣受遊客的青睞。

牛鈴的功能

十四世紀左右，歐洲人就懂得在牲畜身上掛著金屬鈴噹，用意在於方便追蹤牠們的行動。古代以畜牧維生的瑞士人，在春天山區積雪融化後，滿山遍野的盎然草地，便是牛羊的主要食物來源。因此農民會把牲畜趕到山上放牧，到了秋季再把動物們帶下山避冬，過著逐水草而居的生活模式(註1)。

在一望無際的山區，農人無法圍起柵欄的情況下，只能任意放牛吃草。雖然牛的行動緩慢，但是幾天或幾個月下來，想要翻山越嶺翹家也是有可能的事。為了方便清點和管理牛群，替自家的牲畜掛上牛鈴就是最簡易的作法，尤其山區經常濃霧瀰漫，當牛隻迷路時，若是沒有藉由鈴噹發出的聲響，實在很難判斷它們的去向。

那為何不把牛養在農舍裡，每天餵牠們吃乾草或飼料比較省事？何必費盡心力趕上山，這來回路程通常超過數十公里，沿途的山路崎嶇泥濘不說，牛也不會乖乖聽話跟著走，感覺就是一件吃力不討好的工作。這就是瑞士人對傳統的堅持，因為他們堅信吃天然草原的牛隻，才能生產上等的乳製品。

牛鈴的製作

根據製造的方式，牛鈴等級和價值有相當大的差異。上等的牛鈴由鐵匠親手打造，而非機器量產。手工製作一個牛鈴，需要數小時到幾天的時間不等，取決於大小和複雜程度。只有經驗豐富的老師傅，打造出來的牛鈴才能發出渾厚、音域寬廣的聲音，由機器生產的則不會有如此效果。

藉著牛鈴的聲音，方便主人掌握牛隻的位置

傳統的牛鈴是鐵匠師傅手工打造

首先，師傅把鋼板模裁切成兩半，以手工雕刻出細節的裝飾。接著將鋼板加熱後使用機器壓製輪廓，再拿鎚子敲打修飾形狀。當牛鈴的外形完成後，還得在表面鍍上一層銅、鋅混合物後再進行燒製，最後要研磨和拋光至表面光滑，才算是大功告成。從捶打到燒製的過程，都是影響牛鈴音質的關鍵。

做好的牛鈴通常會繫在一條粗厚的皮帶上，皮帶的周邊鑲著五顏六色的裝飾，有的上面還會掛著重要日期或描繪農民生活的圖樣。在東北部阿彭策爾地區的森圖姆牛鈴（Senntumschellen），因為製造的技術相當講究，外型也特別漂亮，而成為牛鈴界的翹楚。

然而看似平凡的牛鈴，其實背後還隱藏著各種涵義。依照牛的地位，所配戴的牛鈴款式會有差異。

在各種節慶活動經常會看見牛鈴

夏天策馬特趕著動物上山吃草的牧童

通常最受到主人寵愛、外表最漂亮的乳牛，才有資格戴上大型的牛鈴，這種鈴聲沉穩，象徵著領頭的身分。至於年幼的小牛因為較容易亂走，適合配戴小一點、聲音尖銳的牛鈴。

現代科技取代牛鈴

根據學者研究，配戴於牛身上的牛鈴平均有四～五公斤重，而且它所發出的聲音超過一百分貝，在受噪音干擾的情況，不但會降低牛的食慾，還會影響牛的休息品質。因此少數農家採用植入GPS追蹤器的方式，來取代傳統的牛鈴。

如今，牛鈴優美的造型還兼具裝飾功能，有些節慶、婚禮或家庭聚會中經常能看見。多數瑞士人認為，牛鈴清脆的聲響融入於大自然間，能發揮釋放精神壓力的作用。瑞士山區的牛鈴聲，所呈現的是一種文化上的意義，遠超過它原本的實用性（註2）。

1

部分農家是在春天趕牛羊上山，在秋天才帶回山下的農場。但也有農場是一大清早趕動物出門吃草，傍晚就整群帶回農舍。其中最著名的地點為策馬特，夏季每天早上都能看見牧童領著動物上山，傍晚時再帶回農場，成為遊客追逐的焦點。

2 **參觀製造牛鈴**

- 網址：https://schellenschmiede.ch/
- 時間：周一～五（7:30 ～ 11:30、13:30 ～ 17:00）
- 電話：+41（0）71 352 54 29

時尚又環保的星期五包

綜觀世界上的流行服飾產業，或許瑞士沒有什麼熱門的時尚品牌，不過用卡車帆布製造的星期五包卻能異軍突起，成為許多人目光的焦點。最重要的因素，在於它的款式辨識度高，顏色多樣但是不會花枝招展，跟民眾低調奢華的個性不謀而合。

出生於達沃斯（Davos）的馬可仕（Markus）和丹尼爾（Daniel）兩兄弟，畢業後隻身前往蘇黎世尋求發展。在經濟預算有限的情況下，他們在郊區跟友人合租房子，平常出門以自行車代步。每當遇到下雨的時候，身上的包包總是淋到濕透，他們便想設計一款包，不論任何天氣都適合騎單車的人士使用。

他們平時看著蘇黎世車水馬龍的車潮，剛好去紐約洽公時受到當地郵差包的啟發，便聯想到貨車的帆布材質完全符合防水又耐用的特性。於是他們向卡車公司購買舊的帆布回家，簡單地清洗過後，開始自己剪裁縫紉，採用廢棄單車輪胎的內胎和安全帶當做背帶，第一個星期五包就這樣誕生了，品牌的名稱便是他們的姓氏Freitag（中文意思為星期五）。

星期五包的製作過程

如今，雖然星期五包不是由兄弟倆人親手縫紉，然而在生產的過程中，幾乎所有的步驟還是得手工製作，因此售價無法太便宜。但是用廢棄的卡車帆布為材質，乍看下還有點像是淘汰的二手包，究竟是什麼原因讓星期五包能夠站上潮流的舞台呢？因為每個包世界上僅此一個，以下便是製作的過程。

從貨車公司回收骯髒的帆布後，首先得進行剪裁的動作。將帆布上的皮帶、金屬孔眼等不必要的部分剪掉，再裁成適當的尺寸，才能進行清洗。畢竟每塊卡車帆布很大又厚重，剪裁的工作得完全經由人工處理，只有身強體健的壯漢才能做這種粗活。

接下來是清洗帆布，不是像自家的髒衣服丟進洗衣機就好。這些帆布都是從卡車淘汰的二手貨，得經過特定的處理方式，才讓帆布看起來有復古風的感覺，而不是像

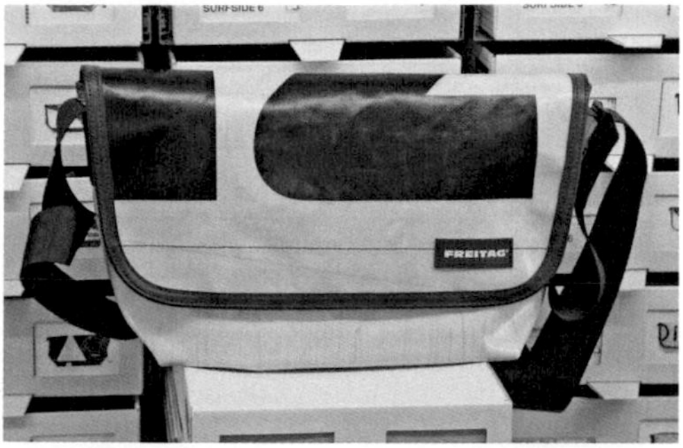

星期五包放
在紙盒內

人家不要的垃圾。清洗過後的帆布依照顏色分類後，便能送到工廠的設計師手中。

卡車帆布除了原本的底色之外，還會印上公司的名稱、地址或圖案等資訊。當帆布交到設計師手中時，他們會搭配出最適合的顏色和圖樣進行剪裁。所以即使相同款式的包，圖樣卻是獨一無二，保證不會有一模一樣的包出現。這種絕不撞包的獨特性，就是星期五包的最大賣點。

星期五包的貨櫃屋

雖然瑞士有些小店都兼賣星期五包，但是貨源和款式最多的地方，就屬蘇黎世郊區的「旗艦店」。這間店位於交流道和鐵道的旁邊，採用十七個貨櫃疊起來的貨櫃屋，店家本身就是一處特殊的景點，頂端還有個露天的景觀台。若不是熟門熟路的人，絕對猜不出來裡面居然是間商店。

店家裡的包包都被歸檔放進小盒子內，以節省展示商品的空間，顧客們再依外盒的圖樣自行尋找喜歡的款式。除了基本的背包、側肩包，星期五包還有各種琳瑯滿目的手機套、提袋等等。簡單俐落的款式、顏色鮮艷、頗具設計感等多項特點，素有瑞士國民包的美譽。

在這種快速時尚的年代，不少品牌浪費資源的行為被世人所詬病。但是星期五包回收再利用的概念，結合時尚和環保的作法確實擄掠瑞士人的心，成為流行的代表，還被紐約的現代藝術博物館列為展覽品。

星期五包旗艦店

- 網址：www.freitag.ch
- 地址：Geroldstrasse 17, Zürich
- 時間：
  周一～五（11:00 ～ 19:00）、
  周六（11:00 ～ 18:00）

建築大師：馬力歐・波塔

談到瑞士近代的出色建築師，彼得・祖姆托（Peter Zumthor）、柯布西耶（Corbusier）和馬力歐・波塔（Mario Botta），都是舉世聞名的業界翹楚，每位大師皆有獨特的設計風格。其中，以馬力歐・波塔所設計的作品最常見，不少還成為熱門的旅遊景點。

馬力歐・波塔來自義大利語區的提契諾州，他在中學畢業後便進入建築事務所當學徒，隨即展現過人的天賦，於一九六一～一九六三年設計了第一棟房子Parish house（註1）。之後，他前往威尼斯大學建築學院深造，回國後在盧加諾開設自己的工作室，當地許多知名的建築物，包括銀行、學校、住宅大樓都是他的傑作。

實用主義結合幾何的建築空間設計，尤其以磚石砌成的外牆，融合方形、圓形等基本形狀的元素，是他作品的主要特色。整體的構造雖然看似簡單，卻又呈現一

馬力歐・波塔設計的第一間房子 Parish house

種超現實的視覺效果。他設計的建築物不僅遍布瑞士各地，連日本、美國、德國及義大利也都能看到。以下便是二處馬力歐・波塔讓人津津樂道的傑作。

山中的突兀教堂：莫紐 Mogno

莫紐位於瑞士南部的馬賈（Maggia）山谷裡，早期是農民在山上放牧時搭建的臨時村落。在一九八六年的一場雪崩，摧毀村裡的教堂和幾處無人居住的房屋。馬力歐・波塔於一九九二年在教堂殘骸的原址興建聖喬凡尼・巴提斯塔教堂（San Giovanni Battista），顛覆世人對於教堂的刻板印象。

這座外觀半圓筒狀的教堂，跟周邊傳統的石板屋相較之下顯得格外突兀。雖然它的規模不大，但是整間建築從外觀到裡面，都能窺見馬力歐・波塔的個人色彩。

半圓筒狀的教堂

教堂內外都是灰白條紋的裝飾

他選用當地盛產的大理石及花崗岩為建材，即使在盛夏進入教堂內，依然有種彷彿是吹著冷氣的涼爽環境。

灰白色相間的石砌外牆，樸素中帶有現代的美學；教堂傾斜切面的屋頂覆著透明玻璃窗，讓天然光線直接穿透進去，增加內部的明亮度。走進教堂內部，迎面而來的是灰白交錯的幾何圖形，大小適中的矩形散發出層次感的視覺效果。整間教堂的設計，非常有時尚感又不失教堂該有的莊嚴。

山上的石花：傑內羅索山

自盧加諾湖畔的卡波拉哥（Capolago），搭乘運行超過百年的蒸氣火車，來到海拔一七〇四公尺高的傑內羅索山（Monte Generoso）上，你會看見岩石上矗立著一棟鋼筋混凝土的現代化建築，它外觀呈現八角形，遠看猶如一朵綻放的花卉，這就是大師在二〇一七年完成的最新作品。

他當初規劃時的構想，是受到周邊自然環境的啟發。他回憶起年輕的時候和朋友在夜晚攀登這座山，等待日出時看到陽光灑落在山巒的震撼美景，這是當地年輕人必做的壯舉。在天氣晴朗的日子，從山頂不但能鳥瞰周邊三六〇度的湖光山色，還能遠眺少女峰及馬特洪峰。

於是，他設計成一朵石頭花（Fiore di pietra）的形狀，建築物中央的空間為戶外露臺，被花瓣所包圍住。在每側牆上安置玻璃窗，方便旅客欣賞各角度的景觀。這樣的一棟摩登建築完全融入到周邊的景觀中，充分表達瑞士人喜歡登山健行和親近大自然的寓意。

莫紐 Mogno

- 時間：全年開放
- 交通：自 Locarno 搭乘 315 號公車到 Bignasco Posta，然後再換前往 Fusio 的公車在 Mogno Paese 站下車，車程約一個半小時。

傑內羅索山 Monte Generoso

- 網址：www.montegeneroso.ch
- 時間：登山火車運行於 5 ～ 11 月初、5 月底～ 10 月中（9:25 ～ 16:35）；5 月初 &10 月底之後（9:25 ～ 15:35）
- 交通：自 Lugano 搭乘渡輪或火車到 Capolago，再轉搭登山火車上山
- 費用：成人來回原價 68 瑞郎、持有半價卡或交通券 34 瑞郎；6 ～ 15 歲來回原價 34 瑞郎、跟持有票券的家人同行免費；5 歲以下免費。日票（Day Pass）無法免費搭乘

[1]Parish house

地址：13 Piazza Baraini,Genestrerio

瑞士幸福式：

向最富有小國學過精準美好生活，全世界最宜居國度的160個日常觀察

作　　者　蘇瑞銘
責任編輯　李素卿
版面編排　江麗姿
封面設計　走路花工作室
資深行銷　楊惠潔
行銷主任　辛政遠
通路經理　吳文龍
總 編 輯　姚蜀芸
副 社 長　黃錫鉉
總 經 理　吳濱伶
發 行 人　何飛鵬
出　　版　創意市集 Inno-Fair
城邦文化事業股份有限公司
發　　行　英屬蓋曼群島商家庭傳媒股份有限公司
城邦分公司
115台北市南港區昆陽街16號8樓

製版印刷　凱林彩印股份有限公司
初版 1 刷　2021年9月
初版 3 刷　2024年8月
ISBN　978-986-0769-19-7／定價　新台幣 380 元

Printed in Taiwan

※廠商合作、作者投稿、讀者意見回饋，請至：
創意市集粉專 https://www.facebook.com/innofair
創意市集信箱 ifbook@hmg.com.tw

城邦讀書花園　http://www.cite.com.tw
客戶服務信箱　service@readingclub.com.tw
客戶服務專線　02-25007718、02-25007719
24小時傳真　02-25001990、02-25001991
服務時間　週一至週五9:30-12:00，13:30-17:00
劃撥帳號　19863813　　戶名：書虫股份有限公司
實體展售書店　115台北市南港區昆陽街16號5樓
※如有缺頁、破損，或需大量購書，都請與客服聯繫

香港發行所　城邦（香港）出版集團有限公司
香港九龍土瓜灣土瓜灣道86號
順聯工業大廈6樓A室
電話：(852) 25086231
傳真：(852) 25789337
E-mail：hkcite@biznetvigator.com

馬新發行所　城邦（馬新）出版集團Cite (M) Sdn Bhd
41, Jalan Radin Anum, Bandar Baru Sri Petaling,
57000 Kuala Lumpur, Malaysia.
電話：(603)90563833
傳真：(603)90576622
Email：services@cite.my

國家圖書館出版品預行編目資料

瑞士幸福式：向最富有小國學過精準美好生活，全世界最宜居國度的160個日常觀察/ 蘇瑞銘著；-- 初版 -- 臺北市；創意市集・城邦文化出版／英屬蓋曼群島商家庭傳媒股份有限公司城邦分公司發行，2024.08
　面 ； 公分
ISBN 978-986-0769-19-7（平裝）
1.人文地理 2.社會生活 3.瑞士

744.885　　110011150